여행영어
체험
훈련

여행영어 체험훈련

지은이 박광희
초판 1쇄 인쇄 2017년 4월 20일
초판 1쇄 발행 2017년 4월 28일

발행인 박효상   **총괄 이사** 이종선   **편집장** 김현   **기획·편집** 박혜민   **디자인책임** 손정수
디자인 싱타디자인 고희선
마케팅 이태호, 이전희   **디지털콘텐츠** 이지호   **관리** 김태옥

종이 월드페이퍼   **인쇄·제본** 현문자현

출판등록 제10-1835호   **발행처** 사람in   **주소** 121-839 서울시 마포구 양화로 11길 14-10 (서교동) 4F
전화 02) 338-3555(代)   **팩스** 02) 338-3545   **E-mail** saramin@netsgo.com
Homepage www.saramin.com

책값은 뒤표지에 있습니다.
파본은 바꾸어 드립니다.

ⓒ 박광희 2017

ISBN
978-89-6049-628-6 14740
978-89-6049-602-6 (세트)

사람이 중심이 되는 세상, 세상과 소통하는 책   사람in

미리미리 연습해서 실전에선 거침없이

여행영어 체험 훈련

박광희 지음

사람in

머리글

시뮬레이션 기반의 말하기 훈련 먼저 하고,
해외 여행 자신 있게 떠나자!

인천공항을 다녀올 때마다 '이제 한국에서도 해외 여행이 하나의 라이프스타일이 되었구나.' 라는 사실을 실감한다. 비행기를 타고 미지로 떠나는 해외 여행은 모든 사람들의 로망이다. 그래서 많은 사람들이 해외 여행을 계획하고 떠난다. 예전에야 깃발 아래 모여 정해진 스케줄 대로 따라 가는 패키지 여행이 대세였지만, 이제 많은 사람들이 천편일률적인 패키지 여행에는 식상해 한다. 그래서 자신이 알아서 일정을 짜고 자기 취향에 맞게 여행을 가는 자유 여행이 보편화되고는 있지만 그래도 아직 많은 사람들이 혼자서 여행 정보를 찾아 떠나는 자유 여행을 부담스러워하는 게 사실이다. 그렇지만 이제 앞으로의 여행은 이런 자유 여행이 더욱더 보편화될 것이고 여행의 모습도 다변화될 것이다.

여행 트렌드 얘기가 나왔으니 하는 말인데, 앞으로의 여행 트렌드를 예측하려면 일본을 보면 된다. 무슨 얘기인고 하니, 일본의 여행 트렌드가 시차를 두고 한국의 여행 트렌드가 되어 왔다는 것이다. 패키지 여행, 자유 여행이 모두 일본에서 유행했던 여행 트렌드이다. 그렇다면 현재 일본인들은 지금 어떤 여행을 하고 있을까? 요즘 일본인의 여행 트렌드는 '롱 스테이'(Long Stay), 즉 '현지인처럼 살아 보기'이다. 이를테면 '밴쿠버에서 밴쿠버 주민처럼 1주일 살아 보기' 같은 여행이 대세를 이룬다. 자유 여행이라는 이름 아래 눈도장과 인증 샷이나 찍는 여행은 더 이상 과거가 되어 버린 트렌드이다. 힐링과 더불어 여행을 통해 뭔가 느끼고 배우고 싶어 하는 '현지 체험 여행'이 뜨고 있다.

이 '현지 체험 여행'이 슬슬 한국에서도 바람을 타려 하고 있다. 사실, 많은 사람들이 꿈꾸는 궁극적인 여행이 바로 이 '현지 체험 여행'이지 않을까? 그런데 제대로 된 '현지 체험 여행'을 하기 위한 전제 조건이 있다. 바로 영어로 어느 정도 의사소통을 할 줄 알아야 한다는 것이다. 이건 영어권 비영어권 국가 할 것 없이 공통된 조건이다. 동남아 같은 비영어권 국가에서도 영어를 쓰면 굳이 그 나라 언어를 몰라도 의사소통이 이루어진다. 따라서 제대로 된 해외 여행을 하려면 영어 실력을 먼저 쌓아야 한다.

그런데 이렇게 중요한 영어 실력을 쌓기 위해 실제로는 어떻게 하는가? 거의 모든 사람들이 여행 영어책을 사서 그냥 들고 가기만 한다. 더 없다. 그걸로 끝이다. 그러려면 왜 책을 사나? 영어, 특히 여행지에 가서 쓸 영어는 끊임없이 연습하고 말해서 입 근육을 부드럽게 해 놔야 한다. 연습을 안 하고 가는데 책에 있는 영어가 바로 입에서 나오겠는가? 절대 그렇지 않다. 모름지기 많이 훈련을 해야 나오는 게 영어이다. 문제는 기존의 여행 영어책들이 너무나 많은 표현만을 담는 데 주력하여 (혹은 그 반대로 너무 적은 내용만 담아서) 훈련을 간과해 왔다는 점이다.

그래서 부푼 꿈을 안고 떠나는 여행에 도움이 될 수 있도록 너무 부족하지도 과하지도 않는, 그렇지만 일단 여행지에 가서는 100% 꼭 쓰게 되는 영어 문장만을 모은 책을 내게 됐다. 그래서 처음 냈던 책이 〈여행영어 미리훈련〉이고, 그 후속으로 내는 책이 바로 이 〈여행영어 체험훈련〉이다. 이 두 책들은 새로운 단어만 대입하면 무수히 많은 문장을 만들어 낼 수 있는 뼈대 문장(패턴)을 제시해 쉼 없이 훈련할 수 있게 했다. 특히 이 〈여행영어 체험훈련〉은 라스베이거스, LA의 디즈니랜드와 유니버설 스튜디오, 알래스카 크루즈, 밴쿠버, '리틀 라스베이거스'라 불리는 마카오라는 구체적인 여행지를 시뮬레이션화하여 '체험 여행'이라는 콘셉트에 초점을 맞춰 그에 필요한 영어 표현과 문장들을 체계적으로 익히고 훈련하도록 하였다. 그렇게 훈련이 끝났다면 이 책은 두고 가도 좋고 들고 가도 좋다. 단, 이 책의 제목과 콘셉트가 '미리 훈련'인 것을 늘 기억하자. 그리고 미리 훈련하고 가는 사람과 준비 없이 떠나는 사람의 영어는 천양지차라는 것도 알아두자.

이 책을 통해 영어가 여행의 걸림돌이 아니라 새로운 문물을 받아들이고 경험하는 데 커다란 역할을 할 수 있는 것임을 독자들이 깨닫는 계기가 되기를 간절히 바란다.

역마살이 낀 꿈동이
박광희

이 책의 특징

1. 말하기 훈련 개념이 실제 여행 영어로 들어온 최초의 책

이 책은 여행 전날 사서 여행 가방에 그냥 넣어 가는 책이 아니다. 비행기 표를 예매한 날부터 떠나기 전날, 아니 떠나는 날까지 입이 부르트도록 연습해야 하는 책이다. 어학 학습에서 훈련이 강조되고 있지만 그 훈련의 개념을 여행 영어로까지 끌어온 것은 〈여행영어 미리훈련〉과 더불어 이 〈여행영어 체험훈련〉이 처음이다.

2. 여행 가면 100% 쓰게 되는 MUST SPEAK 문장

이 책의 영어 문장 수는 다른 책에 비해 많지 않다. 가서 전혀 쓸 일도 없고, 들을 일도 없는 문장은 철저히 뺐기 때문이다. 광활한 대자연, 즐거움이 넘치는 테마파크, 버킷리스트 1위 자리를 놓치지 않는 크루즈 여행, 그 나라 사람인 듯 여유로운 일상 즐기기 등을 즐기고 싶어서 해외 여행을 떠나는 사람들이라면 여기 나오는 문장을 안 쓸 수가 없다. 반드시 쓰는 문장만 바로 입에서 나오게 훈련하고 가면 응용은 자연스레 따라온다.

3. 바꿔 말하고 쓰다 보면 영어가 줄줄 나오는 유기적인 훈련 구조

많은 여행객들이 공통적으로 하고 싶어 하는 대자연이나 테마파크 체험, 해당 국가에서의 일상적인 생활 엿보기를 시뮬레이션화하여 그런 곳에서 꼭 쓰는 문장을 골라 그 문장에서 뼈대가 되는 걸 추출했다. 뼈대가 있으니 살만 붙이면 끝. 이 뼈대 문장(패턴)에 다양한 단어와 구문을 바꿔서 연습해 보고 원어민이 읽은 것을 들어보고, 펜으로 직접 쓰기까지 해 보라. 이렇게 하면 영어가 안 나올래야 안 나올 수가 없다.

4. 실제 여행 코스를 따라 짜여진 프로세스와 요긴한 정보

전체 구조가 실제 여행 프로세스를 따라 활용할 수 있게 짜여져 있다. 그리고 영어를 미리 훈련하는 것 못지않게 중요한 것이 실제 해외 여행에 필요한 정보이다. 혹시라도 이 여행지 소스들을 여행하고 싶은 마음이 생길지 모르는 독자들을 위해 해당 여행지에서 반드시 가 봐야 하거나 경험해 봐야 할 정보들도 영어 훈련과 더불어 가득 담았다.

5. 휴대폰만 갖다 대면 바로바로 들리는 원어민 음성 파일 지원

책에 수록된 단어와 뼈대 문장, 실전 회화 문장 등을 모두 녹음했으며, QR 코드를 수록해 휴대폰만 대면 원어민 음성이 바로 귀에 쏙쏙 들어온다. 큰 소리로 읽고 원어민 음성으로 확인하면서 여행, 차근차근 준비해 보자!

이 책의 구성과 활용법

UNIT 1 - UNIT 18

총 18개 유닛으로 미 서부 라스베이거스, LA, 알래스카 크루즈와 캐나다 서부인 밴쿠버, 그리고 마카오를 여행지 소스로 선정해 이동하며 목차를 구성했다. 각 여행지에서 반드시 이야기하게 되는 필수 상황을 선별하여 문장을 훈련할 수 있도록 했다.

SINGLE WORDS COMBO PHRASES

각 상황별로 알아야 할 필수 어휘를 SINGLE WORDS와 COMBO PHRASES로 구분해 수록했다. 여기에 나오는 어휘는 무조건 다 암기해야 할 부분이다. QR코드로 원어민 음성을 들으며 정확한 발음으로 읽는 것을 잊지 말자. 이 주요 어휘만 제대로 익혀도 회화문으로 응용이 가능하다.

뼈대 문장 익히기

해당 여행지에서 반드시 꼭 쓰게 되는 간결한 문장 위주로 필수 문장을 선별했다. 그리고 그 문장들의 핵심이 되는 뼈대 문장(pattern)을 추출해 다양한 응용 훈련을 할 수 있다. 한 UNIT 당 8개의 뼈대 문장이 있고 각 뼈대 문장은 4개의 문장으로 응용할 수 있다. 제시된 예문에서 흰색으로 표시한 부분은 뼈대 문장, 검정색으로 표시한 부분은 바꿔서 말할 부분이다. 해당 문장과 뼈대가 어떤 상황에서 쓰여야 하는지 정확하고 친절한 부가 설명이 붙어 있다. 단어와 구문을 바꿔 세 번씩 큰 소리로 읽고 QR 코드를 찍어서 듣고 펜으로 답을 써야 한다.

실전 회화

실제 여행자들이 많이 경험하고 방문하는 곳과 상황을 그대로 묘사한 다이얼로그로 유닛당 두 개씩 있으며, 뼈대 문장에서 익힌 문장들이 실전에서 어떻게 쓰이는지 자연스럽게 체화할 수 있는 섹션이다. 여행에서는 내가 말할 수 있어야 하는 건 당연히 중요하고, 경우에 따라서는 상대방의 말을 알아듣는 게 중요한 때가 있다. 여기서는 말하고 알아듣는 게 중요한 문장은 폰트를 크게 하여 시각적으로 눈에 바로 들어오게 했다. 내가 말해야 할 부분은 반드시 여러 번 말해 보고 들어서 마스터하도록 하자. 아무리 간단한 표현도 말하지 않으면 안 나온다.

실전 말하기 훈련

앞서 본 실전 회화 중에서 특별히 따로 훈련해야 할 문장들을 뽑아 말하기 훈련하는 부분이다. 이렇게 하다 보면 중요한 문장은 여러 번 반복하게 되어 어느덧 입에 붙게 된다. 많이 듣고 말해 본 사람이 실전에도 강하다. 회화 속 중요한 표현을 큰소리로 말해 보자.

보고 바로 말하기

실제 상황에서 대부분의 사람들은 우리말 문장을 머릿속에 먼저 떠올리고서 영어 문장을 생각한다. 하지만 해외에 나가서는 우리말과 동시에 영어를 떠올리고 바로 내뱉어야 한다. 영어 훈련의 마지막 단계로 우리말 문장을 보고 영어로 바로 말해 보자. 완전히 술술 나올 때까지 반복한다.

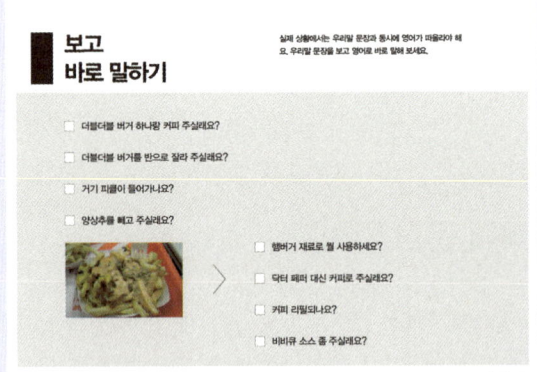

모든 섹션에는 QR 코드가 수록돼 있어
손쉽게 스마트폰으로 음원을 확인할 수 있다.

(무료 mp3 다운로드: 사람in 홈페이지(www.saramin.com) 로그인
- 학습자료실 - 여행영어 체험훈련)

차례

머리글 | 4
이 책의 특징 | 6
이 책의 구성과 활용법 | 7

라스베이거스

UNIT 1 이것저것 물어보며 라스베이거스 '스트립'의 테마 호텔들 구경하기 | 11
UNIT 2 '화산쇼'와 '분수쇼' 구경하며 옆 사람에게 말 걸기 | 21
UNIT 3 '포럼 숍'에 들러 창조적 마인드 키우며 쇼핑하기 | 31
UNIT 4 창의력 폭발 'O' 쇼와 '블루맨 그룹' 쇼 티켓 예매하고 관람하기 | 41
UNIT 5 '신발업계의 아마존' 자포스(Zappos) 회사 견학하기 | 51
UNIT 6 '그랜드 캐년' 감상하며 주위 관광객에게 말 걸고 사진 찍어 달라고 부탁하기 | 61

LA

UNIT 7 유니버설 스튜디오 할리우드에서 해리포터 체험하고 선물 사기 | 71
UNIT 8 유니버설 스튜디오 할리우드의 미니언 테마파크 즐기기 | 81
UNIT 9 소문난 '인앤아웃 버거'에서 햄버거 주문하고 맛보기 | 91
UNIT 10 LA 디즈니랜드에서 길 묻고 미키 쇼에 대해 물어보기 | 101
UNIT 11 LA 디즈니랜드에서 이것저것 물어보며 놀이기구 타기 | 111

알래스카

UNIT 12 알래스카 크루즈에서 선상 오락과 중간 기항에 대해 물어보기 | 121
UNIT 13 알래스카 크루즈에서 사람 사귀며 선상 디너 즐기기 | 131

캐나다

UNIT 14 자전거 대여하여 '스탠리 공원' 일주하기 | 141
UNIT 15 '오픈 하우스'에 들러 캐나다 집 구경하며 이것저것 물어보기 | 151
UNIT 16 커뮤니티 센터에 들러 밴쿠버 주민들의 여가 생활 엿보기 | 161

마카오

UNIT 17 '리틀 라스베이거스' 체험하며 이것저것 물어보기 | 171
UNIT 18 '원 에스플라나드'의 창의적인 인테리어 구경하며 이것저것 물어보기 | 181

ANSWERS 뼈대 문장 정답 확인 | 191

〈여행영어 체험훈련〉과 더불어 〈여행영어 미리훈련〉도 함께 보시면 좋습니다.
기내부터 공항 입국과 대중교통 수단 이용, 호텔 체크인&체크아웃, 관광지에서 여행객에게 부탁하기, 이국적인 음식 맛보기, 공연 관람하기, 카페에서 커피 한잔의 여유 즐기기, 쇼핑에서 부가세 환급에 이르기까지 여행 전반에 관한 사항을 두루 다루고 있습니다. 이 두 권이면 두려움으로 오버랩되는 해외 여행이 설렘으로 바뀝니다.

UNIT 1

이것저것 물어보며
라스베이거스 '스트립'의 테마 호텔들 구경하기

라스베이거스 시가 호텔 건축을 인가할 때 가장 중요하게 보는 것은 '어떤 테마로 호텔을 짓고 운영할 것인가?'라고 한다. 따라서 라스베이거스에는 겉에 보이는 모습과 운영 방식이 비슷한 호텔이 하나도 없다.
뉴욕을 테마로 한 New York New York Hotel, 파리를 테마로 한 Paris Hotel, 서커스를 테마로 한 Circus Circus Hotel, 소설 〈보물섬〉을 테마로 한 Treasure Island Hotel, 중세 아서 왕의 전설을 테마로 한 Excalibur Hotel, 남태평양의 열대 우림을 테마로 한 Mirage Hotel, 고대 로마 제국을 테마로 한 Caesars Palace Hotel, 할리우드 영화를 테마로 한 MGM Grand Hotel, 심지어 '라스베이거스의 제왕'으로 불리는 스티브 윈을 테마로 한 Wynn Hotel까지 있을 정도다.
라스베이거스는 크게 북부의 다운타운(Downtown)과 남부의 스트립(The Strip)으로 나뉜다. 도시 설립 초기에는 다운타운에 주로 호텔들이 들어섰지만 지금은 단연 스트립이 중심이다. 앞서 언급한 테마 호텔들 모두 스트립에 죽 늘어서 있다. 그런데 스트립을 걷는 대다수 여행자들이 호텔들의 겉모습만 보고 그냥 지나친다. 다른 건 몰라도 라이베이거스에 왔다면 호텔 안으로 들어가 보라. 저마다 다른 테마와 그에 따른 개성 있는 인테리어와 서비스를 관찰하는 것은 실로 커다란 공부이자 깨우침이 될 것이다.

단어만 알아도 안심이 돼요.

라스베이거스의 테마 호텔을 구경할 때 꼭 알아야 하는 건 아래 단어만으로도 충분해요. 정확하게 말할 수 있게 발음을 듣고 따라 해 보세요.

SINGLE WORDS

테마를 가진	themed
열대 지방을 테마로 한	tropical-themed
피라미드 모양의	pyramid-shaped[1]
성 모양의	castle-shaped
고대 로마	ancient Rome
상징적인	iconic
축소 모형	replica
거대한	huge
체험	experience
(교통수단 등의) 탑승	ride

COMBO PHRASES

테마를 지닌 호텔들	themed hotels
열대 지방을 테마로 한 미라지 호텔	tropical-themed Mirage Hotel
피라미드 모양의 럭소 호텔	pyramid-shaped Luxor Hotel
성 모양의 엑스컬리버 호텔	castle-shaped Excalibur Hotel
고대 로마 거리를 걷다	walk down the streets of ancient Rome
파리의 상징적인 건축물	the iconic landmark in Paris
자유의 여신상 축소 모형	the replica of the Statue of Liberty
거대한 수족관	huge aquarium
에펠탑 체험	the Eiffel Tower experience
곤돌라를 타다	take a gondola ride

[1] 단어 뒤에 –shaped를 붙이면 '~한 모양새의'의 뜻이에요.

뼈대 문장 익히기

여행에 필요한 뼈대 문장을 익혀 보아요. 머릿속에서만 맴돌던 영어 문장이 입에서 터져 나와요.

뼈대 문장 1

Could I ask something about this aquarium?
이 수족관에 대해 좀 물어봐도 될까요?

Could I ~?로 시작하면 '제가 ~해도 되겠습니까?'라고 정중하게 물어보는 표현이에요. 뒤에는 동사원형이 오지요.

다음 단어를 넣어 문장을 쓰고 말해 보세요.

1 이 식물원에 대해 | this botanical* garden ☑ ☐ ☐

2 이 마술쇼에 대해 | this magic show ☐ ☐ ☐

3 공항 셔틀버스에 대해 | the airport shuttles ☐ ☐ ☐

4 모노레일에 대해 | the monorails ☐ ☐ ☐

*botanical: 식물의

뼈대 문장 2

Do you know any other interesting facts about this hotel? 이 호텔에 관해 또 다른 흥미로운 사실 아세요?

any other는 이미 언급한 내용 외의 다른 어떤 것을 말할 때 씁니다.

1 베네시안 호텔에 관해서 | the Venetian Hotel ☐ ☐ ☐

2. 미라지 호텔에 관해서 | the Mirage Hotel ☐ ☐ ☐

3 럭소 호텔에 관해서 | the Luxor Hotel ☐ ☐ ☐

4 벨라지오 호텔에 관해서 | the Bellagio Hotel ☐ ☐ ☐

UNIT 1 이것저것 물어보며 라스베이거스 '스트립'의 테마 호텔들 구경하기

뼈대 문장 3

How much do you think it cost to build this hotel?
이 호텔 짓는 데 비용이 얼마나 들었을 것 같아요?

이 문장은 Do you think?와 How much did it cost to build this hotel? 두 문장을 이어서 말한 거예요. 이때, think 동사가 쓰이면 How much 등이 문장 맨 앞으로 가게 됩니다. 참고로 〈cost to+동사원형〉은 '~하는 데 비용이 들다'의 뜻이에요.

1 이 건물 | this building ☐ ☐ ☐

2 이 대성당 | this cathedral* ☐ ☐ ☐

3 이 교각 | this bridge ☐ ☐ ☐

4 이 쇼핑몰 | this mall ☐ ☐ ☐

*cathedral은 천주교의 '성당'을 의미합니다.

뼈대 문장 4

That's impressive!
정말 대단해요!

That은 상대도 알고 나도 아는 어떤 것을 가리키는 대명사예요. 뒤에 상태를 나타내는 단어를 써서 정말 다양하게 표현할 수 있습니다.

1 놀랍네요 | amazing ☐ ☐ ☐

2 환상적이네요 | fantastic ☐ ☐ ☐

3 아주 멋지네요 | so cool ☐ ☐ ☐

4 정말 근사하네요 | gorgeous* ☐ ☐ ☐

*요즘 미국인들이 참 많이 쓰는 단어가 바로 gorgeous랍니다.

뼈대 문장 5

You should definitely see the shark feeding.
상어에게 먹이 주는 걸 꼭 보도록 하세요.

should는 '~해야 한다'라는 강요의 뜻이 절대 아니에요. 하면 좋을 것 같으니까 하라고 권유하는 느낌입니다.

1 화산쇼를 | the Volcano show ☐ ☐ ☐

2 분수쇼를 | the Fountain show ☐ ☐ ☐

3 미라지 호텔에서 하는 화산쇼를 | the Volcano show at the Mirage Hotel ☐ ☐ ☐

4 벨라지오 호텔 앞에서 하는 분수쇼를 | the Fountain show in front of* the Bellagio Hotel
☐ ☐ ☐

*in front of: ~ 앞에 (있는)

뼈대 문장 6

Do you know if this Eiffel Tower is the same size as the original in Paris? 이 에펠탑이 파리에 있는 원래 거랑 크기가 같은가요?

Do you know if ~?는 직역하면 '~인지 아닌지 알아요?'지만 생뚱맞게 물어본다는 느낌을 덜어주는 표현으로 보면 됩니다. the same size as ~는 '~와 사이즈가 같은'의 뜻이에요.

1 이 자유의 여신상이 - 뉴욕에 | this Statue of Liberty — New York ☐ ☐ ☐

2 이 브루클린 다리가 - 뉴욕에 | this Brooklyn Bridge — New York ☐ ☐ ☐

3 이 피라미드가 – 이집트 | this pyramid — Egypt ☐ ☐ ☐

4 이 종탑이 – 베니스 | this bell tower — Venice ☐ ☐ ☐

뼈대 문장 7

It's actually half the size of the real Eiffel Tower in Paris. 그건 파리에 있는 진짜 에펠 탑의 절반 정도 규모예요.

half는 '~의 절반'이라는 뜻이에요.

1 파리에 있는 진짜 개선문의 | the real Triumphal Arch in Paris

2 뉴욕에 있는 진짜 크라이슬러 빌딩의 | the real Chrysler Building in New York

3 이집트에 있는 진짜 스핑크스의 | the real Sphinx in Egypt

4 로마에 있는 진짜 콜로세움의 | the real Colosseum in Rome

뼈대 문장 8

Thanks for all your help. 도움 주셔서 감사해요.

Thanks for 뒤에 왜 고마운지를 표현할 수 있어요.
이 문장처럼 간단하게 명사만 넣어 표현하기도 합니다.

1 정보 주셔서 | your information

2 유용한 조언 해 주셔서 | your useful tips

3 친절하게 해 주셔서 | your kindness

4 염려해 주셔서 | your concern

*뒤에 명사가 왔다고 딱딱하게 해석하지 말고 동사 표현인 것처럼 부드럽게 하면 좋아요.

실전 회화

실제 호텔에서 직원과의 대화는 어떻게 이뤄질까요? 알아듣는 것도 중요하지만 특히 내가 말해야 하는 것에 주의해서 들어 보세요.

Dialog 1
미라지 호텔을 둘러보며 직원에게 로비의 대형 수족관에 대해 이것저것 물어보기

실례합니다. 이 수족관에 대해 좀 여쭤봐도 될까요?
Excuse me. Could I ask something about this aquarium?

호텔 직원: 그럼요! 뭘 알고 싶으신데요?
STAFF: Absolutely! What would you like to know?

얼마나 많은 어종들이 여기 사나요?
How many species live here?

호텔 직원: 85개 다양한 어종의 물고기들이 대략 450마리쯤 있어요.
STAFF: There are approximately 450 fishes from 85 different species.

와! 85종이나요? 놀랍네요. 수족관에 물은 얼마나 필요해요?
Wow! 85 species? That is amazing. How much water is needed for this aquarium?

호텔 직원: 약 2만 갤론 정도요.
STAFF: About 20,000 gallons of water.

믿기지가 않네요! 정말 대단하군요.
Unbelievable! That's impressive.

호텔 직원: 저희가 세계 각지의 어종을 다 갖고 있는 걸 알면 놀라실 걸요. 오후 1시에 상어에게 먹이 주는 걸 꼭 보도록 하세요.
STAFF: You might be surprised to know that we have species from every part of the world. You should definitely see the shark feeding at 1 p.m.

멋지네요! 꼭 볼게요! 도움 주셔서 감사합니다.
Awesome! I won't miss that! Thanks for all your help.

aquarium: 수족관   species: 종(단수, 복수의 형태가 같아요.)

UNIT 1 이것저것 물어보며 라스베이거스 '스트립'의 테마 호텔들 구경하기

Dialog 2

파리 호텔을 둘러보며 벨보이에게 모형 에펠탑에 대해 이것저것 물어보기

🗣 저, 실례합니다. 이 에펠탑이 파리에 있는 원래 거랑 크기가 같나요?
Oh, excuse me. Do you know if this Eiffel Tower is the same size as the original in Paris?

　　👂 벨보이: 그런 질문 많이 받습니다. *(웃으며)* 파리에 있는 진짜 에펠탑의 절반 정도 규모예요.
　　BELLBOY: I've been asked that many times, ma'am. *(smiles)* **It's actually half the size of the real Eiffel Tower in Paris.**

🗣 왜 실물 크기로 안 만들었을까요?
Why didn't they build it full size?

　　👂 벨보이: 공항이 너무 가까워서예요.
　　BELLBOY: It was because the airport was too close by.

🗣 아. 이 호텔에 관해서 흥미로운 사실 또 아는 것 없어요?
Oh. Do you know any other interesting facts about this hotel?

　　👂 벨보이: 이 호텔 짓는 데 비용이 얼마나 들었을 것 같으세요?
　　BELLBOY: How much do you think it cost to build this hotel?

🗣 음… 1천만 달러?
Hmmmm…ten million dollars?

　　👂 벨보이: 근처에도 못 미쳤어요. 건축비로 7억 6천만 달러가 들었어요.
　　BELLBOY: Not even close. It cost $760 million dollars to build it.

🗣 말도 안 돼요!
No way!

---

close by: 바로 옆의
not even close: 근처에도 못 가는, 헛다리 짚은

많이 말해 본 사람이 실전에도 강합니다. 뼈대 문장 훈련으로 워밍업이 됐다면 회화 속 실전 문장을 큰 소리로 말해 보세요.

이 수족관에 대해 좀 물어봐도 될까요?
Could I ask something about this aquarium?

얼마나 많은 어종들이 여기 사나요?
How many species live here?

놀랍네요.
That is amazing.

수족관에 물은 얼마나 필요해요?
How much water is needed for this aquarium?

정말 대단하군요.
That's impressive.

멋지네요! 꼭 볼게요!
Awesome! I won't miss that!

도움 주셔서 감사합니다.
Thanks for all your help.

이 에펠탑이 파리에 있는 원래 거랑 크기가 같나요?
Do you know if this Eiffel Tower is the same size as the original in Paris?

왜 실물 크기로 안 만들었을까요?
Why didn't they build it full size?

이 호텔에 관해서 흥미로운 사실 또 아는 것 없어요?
Do you know any other interesting facts about this hotel?

UNIT 1 이것저것 물어보며 라스베이거스 '스트립'의 테마 호텔들 구경하기

보고
바로 말하기

실제 상황에서는 우리말 문장과 동시에 영어가 떠올라야 해요. 우리말 문장을 보고 영어로 바로 말해 보세요.

- ☐ 이 수족관에 대해 좀 물어봐도 될까요?
- ☐ 이 호텔에 관해 또 다른 흥미로운 사실 아세요?
- ☐ 이 호텔 짓는 데 비용이 얼마나 들었을 것 같아요?
- ☐ 정말 대단해요.
- ☐ 상어에게 먹이 주는 걸 꼭 보도록 하세요.

- ☐ 이 에펠탑이 파리에 있는 원래 거랑 크기가 같나요?
- ☐ 그건 파리에 있는 진짜 에펠탑의 절반 정도 규모예요.
- ☐ 도움 주셔서 감사해요.
- ☐ 그런 질문 많이 받습니다.

- ☐ 공항이 너무 가까워서예요.
- ☐ 근처에도 못 미쳤어요.
- ☐ 건축비로 7억 6천만 달러가 들었어요.

UNIT 2

'화산쇼'와 '분수쇼' 구경하며 옆 사람에게 말걸기

쇼가 유명한 라스베이거스이지만 꼭 비싼 티켓을 구입해야 볼 수 있는 쇼들만 있는 건 아니다. 무료로 볼 수 있는 쇼들 역시 꽤 많다. 그 중 꼭 봐야 할 것이 '라스베이거스 3대 공짜 쇼'로 불리는 벨라지오 호텔의 분수쇼, 미라지 호텔의 화산쇼, 프레몬트 스트리트의 전구쇼이다.

벨라지오 호텔 앞 인공 호수에서 클래식과 팝 음악을 배경으로 펼쳐지는 분수쇼는 배경 음악에 따라 쇼가 달라진다. 리듬과 멜로디에 따라 물줄기 모양이 가지각색의 조명과 어우러져 바뀌며 보는 각도와 시간에 따라 그 느낌이 달라 몇 번을 봐도 질리지 않는다. 미라지 호텔 앞에서는 거리를 뒤흔드는 화산 폭발음과 하늘 높이 치솟아 오르는 물기둥, 물 위로 펼쳐지는 불덩이들을 통해 실제 화산이 폭발하여 용암이 분출하는 듯한 모습의 화산쇼가 밤마다 장관을 연출한다.

위의 두 쇼가 스트립 거리에서 펼쳐지는 반면, 전구쇼는 라스베이거스의 구도심인 다운타운에서 열린다. 보행자 거리인 프레몬트 스트리트(Fremont Street)를 뒤덮은 거대한 LED 천장에 마치 하늘에서 각양각색의 불빛이 춤추는 것 같은 풍경이 연출되며, 그 아래에는 다양한 공연과 퍼포먼스가 펼쳐진다. 이 최첨단 전구쇼로 스트립에 밀려 상대적으로 침체돼 있던 다운타운 지역이 활성화되는 계기를 맞기도 했다.

단어만 알아도 안심이 돼요.

라스베이거스에서 쇼를 보면서 옆에서 구경하는 사람에게 말을 걸 때 꼭 알아야 하는 건 아래 단어만으로도 충분해요. 정확하게 말할 수 있게 발음을 듣고 따라 해 보세요.

SINGLE WORDS

화산	volcano
분출	eruption
경쾌한	upbeat
정말 매력적인	legit
놀라운 감동을 주다	wow (v.)
공연되다	run (v.)
따끈따끈한 정보	heads up
말로 표현하기 힘든	speechless
결합하다	combine
곳, 자리	spot

COMBO PHRASES

화산쇼	Volcano show
화산 분출	volcano eruption
경쾌한 음악	upbeat music
당신 목소리, 정말 매력적이에요!	Your voice is legit!
방문객들에게 놀라운 감동을 주다	wow visitors
30분마다 공연되다	run every half hour
따끈따끈한 정보 고마워요.	Thanks for the heads up.
말문이 막히게 만들다	leave someone speechless
불과 음악을 결합하다	combine fire with music
구경하기 가장 좋은 자리	the best viewing spot

뼈대 문장 익히기

여행에 필요한 뼈대 문장을 익혀 보아요. 머릿속에서만 맴돌던 영어 문장이 입에서 터져 나와요.

뼈대 문장 1

Is this your first time watching this show?
이 쇼 보는 게 이번이 처음이세요?

Is this your first time ~?은 '이번이 처음 ~하는 거예요?'로 특히 여행지에서 낯선 이와 처음 이야기할 때 유용하게 쓸 수 있어요.

다음 단어를 넣어 문장을 쓰고 말해 보세요.

1 화산쇼 보는 게 | watch the Volcano show ☐☐☐

2 분수쇼 보는 게 | watch the Fountain show ☐☐☐

3 라스베이거스 방문하는 게 | visit Las Vegas ☐☐☐

4 미국 방문하는 게 | visit the States* ☐☐☐

*미국을 나타내는 표현이 여럿 있는데, **the States**도 그 중 하나예요.

뼈대 문장 2

How often does this show take place?
이 쇼는 얼마나 자주 하나요?

횟수가 궁금할 때는 How often ~으로 포문을 열고 대화를 진행하세요. take place는 원래 '발생하다'의 뜻이지만 쇼가 발생한다는 건 쇼를 한다는 의미겠죠?

1 이 공연은 | this performance ☐☐☐

2 이 야외 공연은 | this outdoor performance ☐☐☐

3 화산쇼는 | the Volcano show ☐☐☐

4 분수쇼는 | the Fountain show ☐☐☐

UNIT 2 '화산쇼'와 '분수쇼' 구경하며 옆 사람에게 말걸기

뼈대 문장 3

What time does the next Volcano show start?
다음 화산쇼는 몇 시에 시작하나요?

'몇 시에 ~하나요?'는 What time does ~?로 말을 내뱉는 훈련을 해 보세요. does 뒤에 주체가 나오고 동사원형이 나온다는 것, 꼭 기억하시고요.

1 분수쇼는 | Fountain show ☐ ☐ ☐

2 '아틀란티스 멸망' 분수쇼는 | Fall of Atlantis* Fountain show ☐ ☐ ☐

3 프레몬트 스트리트 전구쇼는 | Fremont Street Light show ☐ ☐ ☐

4 '카니발 미드웨이' 서커스쇼는 | Carnival Midway Circus show ☐ ☐ ☐

*아틀란티스는 해저 속으로 사라졌다고 여겨지는 낙원을 말해요.

뼈대 문장 4

Have you heard Celine Dion live?
셀린 디온 노래를 라이브로 들은 적이 있나요?

이 문장에서의 live를 [리브]로 읽은 분 계신가요? live가 '살다'의 뜻일 때는 [리브]로 읽지만, '생방송으로, 라이브로'의 뜻일 때는 [라이브]로 읽습니다. 〈Have you + p.p. ~?〉는 '~한 적이 있어요?'라고 경험을 묻는 경우가 대부분이에요.

1 마돈나 노래를 | Madonna ☐ ☐ ☐

2 마이클 잭슨 노래를 | Michael Jackson ☐ ☐ ☐

3 저스틴 비버 노래를 | Justin Bieber ☐ ☐ ☐

4 레이디 가가 노래를 | Lady Gaga ☐ ☐ ☐

뼈대 문장 5

I don't want to miss the Fall of Atlantis Fountain show. '아틀란티스 멸망' 분수쇼 구경을 놓치고 싶지 않아요.

> 정말 놓치고 싶지 않은 구경거리를 언급할 때 쓰면 좋아요. miss는 '그리워하다' 외에 이렇게 어디 참석하지 않아서 '놓치다'의 의미로도 쓰여요.

1 화산쇼 | the Volcano show

2 분수쇼 | the Fountain show

3 프레몬트 스트리트 전구쇼 | the Fremont Street Light show

4 '카니발 미드웨이' 서커스쇼 | the Carnival Midway Circus show

뼈대 문장 6

Maybe I'll come back and bring my family. 가족을 데리고 다시 와야 할 것 같은데요.

> 너무 멋진 곳이라서 혼자 보기 미안한 마음이 들 때가 있어요. 그때 가족이나 친구를 데려와서 다시 봐야겠다고 말하고 싶을 때 이렇게 쓰면 됩니다. come back은 '다시 오다', bring은 '데려오다'의 뜻이에요.

1 엄마를 | my mom

2 부모님을 | my parents

3 아이들을 | my kids

4 친구들을 | my friends

뼈대 문장 7

Have an awesome evening!
멋진 저녁 보내세요!

awesome 대신 good을 쓸 수도 있어요. 하지만 뉘앙스가 조금 달라요. good이 그냥 '좋은'의 뜻이라면 awesome은 '기막히게 좋은, 굉장한, 끝내주는'의 뜻이랍니다. have는 문맥에 따라 '가지다, 먹다, (시간 등을) 보내다'의 여러 가지 뜻으로 쓰일 수 있어요.

1 멋진 시간 | a wonderful time

2 가족이랑 멋진 시간 | a wonderful time with your family

3 휴가 잘 | a great holiday

4 점심 맛있게 드세요! | a nice lunch

뼈대 문장 8

I hope you enjoy your stay in Las Vegas.
라스베이거스에서 즐거운 시간 보내세요.

enjoy one's stay in/at은 '~에서 즐겁게 잘 지내다'의 뜻이에요.
I hope는 충분히 가능성 있는 어떤 것을 바라거나 희망할 때 쓸 수 있습니다.

1 미라지 호텔에서 | at the Mirage

2 벨라지오 호텔에서 | at the Bellagio

3 로스앤젤레스에서 | in L.A.

4 미국에서 | in America

* 아주 유명한 호텔은 이름 뒤에 Hotel을 붙이지 않고 말하기도 해요. 참고로 '○○호텔에서'는 in 대신 at을 쓰는 것, 알아두세요.

실전 회화

실제 쇼를 구경하면서 초면인 옆 사람과의 대화는 어떻게 이뤄질까요? 알아듣는 것도 중요하지만 특히 내가 말해야 하는 것에 주의해서 들어 보세요.

Dialog 1 미라지 호텔 화산쇼 구경 후 옆에 있는 관광객과 이야기 나누기

정말 놀라운 쇼예요. 그것도 공짜로 말이에요!
That was a really amazing show, and for free!

관광객: 네, 제가 가장 좋아하는 쇼예요. 이 쇼 보는 게 이번이 처음이세요?
TOURIST: Yeah, that was my favorite show. Is this your first time watching this show?

네. 미라지 호텔에서 화산쇼를 하루에 몇 번이나 하는지 아세요?
Yes, it is. Do you know how many Volcano shows the Mirage puts out each day?

관광객: 확실치는 않지만, 오후 8시부터 자정까지 매 시간마다 할 걸요.
TOURIST: I'm not sure, but I think they do it every hour from about 8 p.m. till midnight.

와, 환상적이네요. 가족을 데리고 다시 와야 할 것 같은데요.
Wow, that's fantastic. Maybe I'll come back and bring my family.

관광객: 가족과 함께 오신다면 벨라지오 호텔에서 하는 또 다른 공짜 쇼가 있어요. 아마 그 쇼도 기가 막힐 거예요.
TOURIST: If you're here with your family, there's another free show at the Bellagio Hotel. That will also leave you speechless.

정말이요? 따끈따끈한 정보 고마워요. 멋진 저녁 보내세요!
Really? Thanks for the heads up. Have an awesome evening!

for free: 공짜로, 무료로   **put out:** (쇼 등을) 내보내다, 발표하다
each day: 매일, 날마다

Dialog 2 벨라지오 호텔 분수쇼를 구경하며 옆의 관광객과 이야기 나누기

와, 제가 가장 좋아하는 부분이네요! (*타이타닉 주제가가 흘러나온다.*)
Oh, this is my favorite part!
(*Theme song from The Titanic comes on.*)

관광객: 셀린 디온 노래 라이브로 들은 적 있으세요? 저는 5년 전에 시저스 팰리스 호텔에서 그녀의 공연을 보았는데, 정말 놀라웠어요!
TOURIST: Have you heard Celine Dion live? I watched her five years ago at Caesar's Palace, and she was amazing!

와, 부럽네요. 진짜 궁금해서 그러는데요, 입장료로 얼마를 내셨나요?
Wow, I'm jealous. Seriously, how much did you pay for the tickets?

관광객: 돈푼 꽤나 들었죠. 하지만 그만한 값어치는 있었어요. 그녀의 목소리는 정말 매력적이에요!
TOURIST: It was a pretty penny, but it was worth it. Her voice is legit!

벨라지오 호텔이 분수쇼에 그녀의 노래를 쓰기로 결정해서 정말 기뻐요.
I'm so glad that the Bellagio decided to use her song for the Fountain show.

관광객: 저도 동감이에요! 움직임과 음악에 따라 분수 색깔이 변하는 모습이 정말 맘에 들어요. 여기 있다가 쇼를 다시 한 번 볼까 봐요.
TOURIST: I agree! I love the way the colors change with the movement and the music. I could stay here and watch it again.

그렇게 해도 되고 말고요. 30분마다 완전히 다른 음악들로 쇼가 공연되니까요. 그럼 즐겁게 구경하세요!
You certainly could. Since the show runs every half hour with a complete different set of music. Enjoy yourself!

---

jealous: 부러운, 질투가 나는 **pretty penny:** 상당히 큰 액수 **love:** ~을 아주 마음에 들어하다
could: 여기서는 **can**의 과거형이 아니라 확실치는 않지만 가능성이 있음을 나타낼 때 쓰는 용법임.
enjoy oneself: 즐기다, 즐겁게 보내다

실전 말하기 훈련

많이 말해 본 사람이 실전에도 강합니다. 뼈대 문장 훈련으로 워밍업이 됐다면 회화 속 실전 문장을 큰 소리로 말해 보세요.

정말 놀라운 쇼예요. 그것도 공짜로 말이에요!
That was a really amazing show, and for free!

미라지 호텔에서 화산쇼를 하루에 몇 번이나 하는지 아세요?
Do you know how many Volcano shows the Mirage puts out each day?

환상적이네요. 가족을 데리고 다시 와야 할 것 같은데요.
That's fantastic. Maybe I'll come back and bring my family.

따끈따끈한 정보 고마워요.
Thanks for the heads up.

멋진 저녁 보내세요!
Have an awesome evening!

와, 제가 가장 좋아하는 부분이네요!
Oh, this is my favorite part!

부럽네요. 진짜 궁금해서 그러는데요, 입장료로 얼마를 내셨나요?
I'm jealous. Seriously, how much did you pay for the tickets?

벨라지오 호텔이 분수쇼에 그녀의 노래를 쓰기로 결정해서 정말 기뻐요.
I'm so glad that the Bellagio decided to use her song for the Fountain show.

그렇게 해도 되고 말고요. 30분마다 완전히 다른 음악들로 쇼가 공연되니까요. 그럼 즐겁게 구경하세요!
You certainly could. Since the show runs every half hour with a complete different set of music. Enjoy yourself!

UNIT 2 '화산쇼'와 '분수쇼' 구경하며 옆 사람에게 말걸기

보고 바로 말하기

실제 상황에서는 우리말 문장과 동시에 영어가 떠올라야 해요. 우리말 문장을 보고 영어로 바로 말해 보세요.

- [ ] 이 쇼 보는 게 이번이 처음이세요?

- [ ] 이 쇼는 얼마나 자주 하나요?

- [ ] 다음 화산쇼는 몇 시에 시작하나요?

- [ ] 셀린 디온 노래를 라이브로 들은 적이 있나요?

- [ ] '아틀란티스 멸망' 분수쇼 구경을 놓치고 싶지 않아요.

- [ ] 가족을 데리고 다시 와야 할 것 같은데요.

- [ ] 멋진 저녁 보내세요!

- [ ] 라스베이거스에서 즐거운 시간 보내세요.

- [ ] 가족과 함께 오신다면 벨라지오 호텔에서 하는 또 다른 공짜 쇼가 있어요.

- [ ] 아마 그 쇼도 기가 막힐 거예요.

- [ ] 돈푼 꽤나 들었죠. 하지만 그만한 값어치는 있었어요.

- [ ] 그녀의 목소리는 정말 매력적이에요!

- [ ] 움직임과 음악에 따라 분수 색깔이 변하는 모습이 정말 맘에 들어요.

UNIT 3

'포럼 숍'에 들러 창조적 마인드 키우며 쇼핑하기

최근 들어 미국의 '떠오르는 쇼핑 도시'로 주목 받고 있는 라스베이거스의 쇼핑몰. 이것들은 창조적 마인드를 키울 수 있는 좋은 학습장이다. 창조적 마인드는 절대 교실에서 키워지지 않는다. 창조란 세상의 많은 것을 보고 경험하는 데서 조금씩 싹트는 것이기 때문이다. "창조란 바로 눈에서 시작한다." 이에 첨단 디자인과 상상력이 풍부한 인테리어 전시장인 라스베이거스의 쇼핑몰들을 호기심을 갖고 구경하는 것은 창조적 마인드에 불을 붙이는 계기가 될 것이다.

그 중에서도 둥근 천정에 조명으로 시시각각 변하는 하늘의 모습을 인공 구름과 함께 실감나게 보여 주는, 고대 로마 장터를 테마로 한 포럼 숍(Forum Shops)은 꼭 가 봐야 할 곳이다. 시저스 팰리스 호텔에 위치한 포럼 숍은 흔히 '라스베이거스 쇼핑 1번지'로 통한다. 이곳에는 루이비통, 구찌, 펜디, 불가리, 페레가모, 버버리 등 유명 명품 숍을 비롯해 환상적인 인테리어의 수많은 부티크 매장들이 들어서 있어 마치 뉴욕 5번가를 걸어다니는 듯한 착각이 든다.

또 포럼 숍에서는 고대 로마의 거리를 그대로 재현해 놓은 곳들을 감상하며 천천히 걷거나, 잘 꾸며진 분수가에서 휴식을 취할 수도 있다. 그리고 분수대에서는 매 시간마다 로봇 조각상들이 갑자기 말을 하면서 불을 뿜어대는 레이저 쇼가 벌어져 사람들을 즐겁게 해 준다. 그래서 그런지 쇼핑객보다 구경꾼들이 늘 더 많은 것 같기도 하다.

단어만 알아도 안심이 돼요.

실제 포럼 숍을 둘러볼 때 알아두면 좋은 건 아래 단어만으로도 충분해요. 정확하게 말할 수 있게 발음을 듣고 따라 해 보세요.

SINGLE WORDS

구입하다	purchase
고급(품), 고가(품)	high end
10 퍼센트 할인	10% off
움직이는	moving
광고	commercial
면세(의)	duty free
허용 한도/금액	allowances
계산대	register
영수증	receipt
환급	refund

COMBO PHRASES

구찌 가방을 구입하다	purchase a Gucci bag
고가품을 파는 상점	high end shop
10 퍼센트 할인 쿠폰	10% off coupon
움직이는 조각상	moving statue
그 제품을 광고에서 보다	see the product on the commercial
면세점	duty free shop
면세 허용 금액	duty free allowances
계산대로 가다	come to the register
도장이 찍힌 영수증	one's stamped receipt
전액을 환급 받다	get a full refund

뼈대 문장 익히기

여행에 필요한 뼈대 문장을 익혀 보아요. 머릿속에서만 맴돌던 영어 문장이 입에서 터져 나와요.

뼈대 문장 1

I'm interested in purchasing this bag for my mother. 저희 엄마한테 드리게 이 가방을 구입하고 싶어요.

be interested in ~은 '~에 관심이 있다'예요. 뒤에는 '동사-ing'가 올 수 있는데, 사는 것에(purchasing) 관심이 있다니까 사고 싶다는 의미인 거네요. '~하고 싶다'를 want to나 would like to 외에 be interested in으로 둘러 표현할 수도 있습니다.

다음 단어를 넣어 문장을 쓰고 말해 보세요.

1 저희 엄마한테 드리게 이 어깨에 메는 가방을 | **this shoulder bag for my mother**

2 저희 엄마한테 드리게 이 은 브로치를 | **this silver brooch for my mother**

3 저희 아빠한테 드리게 이 가죽 지갑을 | **this leather wallet for my father**

4 저희 아빠한테 드리게 이 선글라스를 | **these sunglasses for my father**

뼈대 문장 2

Do you know the price of this iPad Air 2? 이 아이패드 에어 2의 가격을 아시나요?

가격을 물어볼 때 How much is it?으로 물어볼 수도 있지만 이렇게 표현하면 좀 더 고상하게 말하는 느낌을 줍니다.

1 이 구찌 핸드백의 | **this Gucci handbag**

2 이 버버리 스카프의 | **this Burberry scarf**

3 이 페라가모 정장 구두의 | **these Ferragamo dress* shoes**

4 이 가는 세로줄 무늬 휴고 보스 정장의 | **this Hugo Boss pinstripe suit**

*shoes, shirt 앞에 dress를 붙이면 정장 차림에 신고 입는 구두와 와이셔츠의 뜻이 됩니다.

뼈대 문장 3

Have you got this in another size?
이거 다른 사이즈가 있나요?

다 괜찮은데 디자인이 걸린다거나 색깔 등이 걸릴 때 유용하게 쓸 수 있는 표현입니다. 요 한 마디만 잘해도 마음에 안 드는 걸 찝찝하게 사 들고 오는 일은 줄어들 거예요.

1 색깔이 | color

2 상표가 | brand

3 모델이 | model

4 디자인이 | design

*Have you got ~?은 Do you have ~?의 회화체 표현이에요.

뼈대 문장 4

Do you have this green jacket in stock?
이 초록색 재킷, 재고가 남아 있나요?

디스플레이 되어 있는 게 아주 마음에 들어서 사고 싶다면 재고가 있는지 물어봐야겠죠? 〈제품+in stock〉은 '제품이 재고가 있는'의 의미예요. 쇼핑할 때 정말 자주 쓰는 표현이므로 꼭 알아두세요.

1 이 마이클 코어스 토트 백 | this Michael Kors tote bag*

2 나이키 에어 맥스 2016 | the Nike Air Max 2016

3 이 헬스 운동화 | these gym sneakers

4 이 레이밴 선글라스 | these Ray Ban sunglasses

*tote bag: 여성용 대형 손가방

뼈대 문장 5

This blue trench coat looks nice.
이 파란색 바바리 코트가 잘 어울려 보여요.

옷 가게에서 옷을 입어 봤을 때 점원에게서 100% 들을 수 있는 표현입니다. 〈look nice〉는 '좋아 보이다, 잘 어울려 보이다'로 주어 자리에 잘 어울려 보이는 것을 써 주면 됩니다. 또 구매자가 보고 예쁘다고 느낄 때도 쓸 수 있어요. 참고로 가게 점원들이 하는 말을 100% 다 믿어서는 안 됩니다.

1 약간 커 | a little big

2 조금 작아 | somewhat* small

3 아주 편해 | so comfy

4 너무 비싸 | too expensive

*somewhat: 다소   comfy: (=comfortable) 편안한, 편한

뼈대 문장 6

It's not quite what I wanted.
그건 제가 원했던 게 아니에요.

가게에 들어가서 점원에게 사고 싶은 것을 어렵사리 설명했는데 막상 가져온 것이 자신이 원하는 게 아닐 경우가 있습니다. 그때는 당당하게 위의 문장을 말씀하세요. 여기서 what은 '무엇'의 뜻이 아니라 '~인 것'의 의미가 있어요.

1 예상했던 | expected

2 말했던 | said

3 생각했던 | thought

4 부탁드렸던 | asked for

*quite는 not과 함께 쓰이면 '전적으로'의 뜻이 되어 부정의 의미를 강조합니다.

뼈대 문장 7

Excuse me, can you help me?
미안합니다만, 저 좀 도와주실래요?

can은 '~할 수 있다'라는 능력의 뜻도 있지만 의문문의 형태로 '~ 좀 해 줄래요?'라고 부탁하는 의미로 쓰이기도 합니다.
help는 〈help+(A)+동사원형〉으로 '(A가) ~하는 걸 도와주다'의 뜻으로 쓰이기도 하고,
〈help with+A〉로 'A와 관련해서 도와주다'의 의미로도 쓰입니다.

1 루이뷔통 매장 찾는 것 좀 도와주실래요 | help me find the Louis Vuitton store (help + me + 동사)

2 세금 환급 받는 것 좀 도와주실래요 | help me get a tax refund (help + me + 동사)*

3 세금 환급 받는 것 좀 도와주실래요 | help get my tax refund (help + 동사)*

4 세금 환급 받는 것 좀 도와주실래요 | help with my tax refund (help + with + 명사)*

*똑같은 내용이지만 이렇게 다르게 표현할 수 있다는 것에 유의해 주세요.

뼈대 문장 8

Could I have a receipt, please?
영수증 좀 주시겠어요?

'~ 주세요'라고 할 때 Give me ~가 먼저 튀어나오죠? 하지만, 이제 그렇게 말하지 말고 좀 더 정중하게,
듣는 사람도 기분 좋아지게 말하도록 해 봐요. Give me 대신 Could I have ~?를 쓰면 굉장히 격식을 갖춰서 말하는 느낌을 준답니다.

1 비닐 봉지 좀 | a plastic bag

2 재사용 가능한 쇼핑백 좀 | a reusable shopping bag

3 공짜 쿠폰 북 좀 | a free coupon book

4 상품 보증서 좀 | a gift certificate

실전 회화

실제 포럼 숍에서 쇼핑하면서 하는 대화는 어떻게 이뤄질까요? 알아듣는 것도 중요하지만 특히 내가 말해야 하는 것에 주의해서 들어 보세요.

Dialog 1
포럼 숍 안의 애플 스토어에 들러 매장 직원에게 아이패드 에어 2에 관해 물어보기

실례지만, 좀 도와주시겠어요? 묻고 싶은 게 몇 가지 있어서요.
Excuse me sir, can you help me? I have a few questions.

매장 직원: 네. 어떻게 도와드릴까요?
STAFF: Yes, of course. How can I help you?

이 아이패드 에어 2 가격 아세요?
Do you know the price of this iPad Air 2?

매장 직원: 그럼요. 499달러예요.
STAFF: Sure. It is $499 USD.

세금 포함해서요?
Including tax?

매장 직원: 아뇨, 세금 빼고요. 여행자시면 카운터 직원에게 말해서 세금을 환급 받을 수 있게 해드릴게요.
STAFF: No, without tax. If you're traveling, then I can get the cashier to get you a tax refund.

정말 좋네요. 하지만 물어볼 게 두 가지 더 있어요.
That would be fantastic, but I have a couple more questions.

매장 직원: 네! 말씀하세요.
STAFF: Sure! Go ahead.

제가 광고에서 본 레티나 디스플레이가 여기 탑재돼 있나요?
Does this have the retina display that I saw on the commercial?

매장 직원: 네, 신형 아이패드 모델들에는 모두 탑재돼 있어요.
STAFF: Yes, they're available on all the newer iPad models.

애플케어 서비스도 함께 제공되나요?
Does it come with AppleCare?

매장 직원: 제가 알기로 1년은 100달러이고, 2년은 299달러예요.
STAFF: I believe it's $100 for the first year and $299 for two years.

tax refund: 여행 목적의 외국인이 해외 여행 중 구입한 물품을 구매 국가에서 사용하지 않고 자국으로 가져간다는 조건으로 물품의 부가가치세를 다시 환급받는 제도

Dialog 2

포럼 숍 안에 있는 구찌 매장에 들러
세금 환급에 대해 물어보고 가방 구입하기

저희 엄마한테 드리게 이 가방을 구입하고 싶어요. 그런데 제가 여행객인데 세금 환급을 받을 수 있는지요.
I am interested in purchasing this bag for my mother. However, I am travelling and was wondering if I could receive a tax refund.

점원: 잠시만 기다려 주세요. 매니저에게 확인해 볼게요. (몇 분 동안 자리를 비운다.)
CLERK: Please wait one moment. I will check with the manager. (*She goes away for a few minutes.*)

매니저께서 세금 환급 받는 것에 대해 알고 계시던가요?
So, does your manager know about getting the tax refund?

점원: 네, 그런데 저희가 정보를 좀 기록해 두어야 할 것 같아요. 저랑 계산대로 가실까요? 그런데 여권은 갖고 오셨어요?
CLERK: Yes. However, we'll have to take down some information. Can you please come to the register with me? By the way, did you bring your passport with you?

네, 그럼요. 지금 당장 필요한가요?
Yes, of course. Will you be needing it right now?

점원: (계산대에서) 네, 주세요. (여권을 보고 정보를 컴퓨터에 입력하면서) 잊지 말고 이 영수증을 가지고 공항 환급 카운터에 가세요. 환급을 모두 받으시려면 도장이 찍힌 영수증들을 모두 보여 주셔야 할 거예요.
CLERK: (*At cash register*) Yes, please. (*Looking at it and then typing the information on the computer*) Please make sure that you take this receipt with you to the Refund Counter at the airport. You'll need to show them all your stamped receipts in order to get a full refund.

정말 고맙습니다! 무척 도움이 되었어요!
Thank you so much! You've been most helpful!

I was wondering if ~: ~인지 궁금해요 **take down:** 기록하다
make sure: 잊지 않고 ~하다 **helpful:** 도움이 되는

 실전 말하기 훈련

많이 말해 본 사람이 실전에도 강합니다. 뼈대 문장 훈련으로 워밍업이 됐다면 회화 속 실전 문장을 큰 소리로 말해 보세요.

실례지만, 좀 도와주시겠어요? 묻고 싶은 게 몇 가지 있어서요.
Excuse me sir, can you help me? I have a few questions. ☐ ☐ ☐

이 아이패드 에어 2 가격 아세요?
Do you know the price of this iPad Air 2? ☐ ☐ ☐

세금 포함해서요?
Including tax? ☐ ☐ ☐

정말 좋네요. 하지만 물어볼 게 두 가지 더 있어요.
That would be fantastic, but I have a couple more questions. ☐ ☐ ☐

제가 광고에서 본 레티나 디스플레이가 여기 탑재돼 있나요?
Does this have the retina display that I saw on the commercial? ☐ ☐ ☐

애플케어 서비스도 함께 제공되나요?
Does it come with AppleCare? ☐ ☐ ☐

저희 엄마한테 드리게 이 가방을 구입하고 싶어요.
I am interested in purchasing this bag for my mother. ☐ ☐ ☐

그런데 제가 여행객인데 세금 환급을 받을 수 있는지요.
However, I am travelling and was wondering if I could receive a tax refund. ☐ ☐ ☐

매니저께서 세금 환급 받는 것에 대해 알고 계시던가요?
Does your manager know about getting the tax refund? ☐ ☐ ☐

지금 당장 필요한가요?
Will you be needing it right now? ☐ ☐ ☐

무척 도움이 되었어요!
You've been most helpful! ☐ ☐ ☐

보고
바로 말하기

실제 상황에서는 우리말 문장과 동시에 영어가 떠올라야 해요. 우리말 문장을 보고 영어로 바로 말해 보세요.

- [ ] 저희 엄마한테 드리게 이 가방을 구입하고 싶어요.

- [ ] 이 아이패드 에어 2의 가격을 아시나요?

- [ ] 이거 다른 사이즈가 있나요?

- [ ] 이 녹색 재킷, 재고가 남아 있나요?

- [ ] 이 파란색 바바리 코트가 잘 어울려 보여요.

- [ ] 그건 제가 원했던 게 아니에요.

- [ ] 미안합니다만, 저 좀 도와주실래요?

- [ ] 영수증 좀 주시겠어요?

- [ ] 여행자시면 카운터 직원에게 세금을 환급받을 수 있도록 해드릴게요.

- [ ] 잠시만 기다려 주세요. 매니저에게 확인해 볼게요.

- [ ] 저희가 정보를 좀 기록해 두어야 할 것 같아요.

- [ ] 저랑 계산대로 가실까요?

- [ ] 잊지 말고 이 영수증을 가지고 공항 환급 카운터에 가세요.

UNIT 4

창의력 폭발 'O' 쇼와 '블루맨 그룹' 쇼
티켓 예매하고 관람하기

라스베이거스는 뉴욕의 브로드웨이와 맞먹을 만큼 온갖 공연들이 매일 밤 펼쳐진다. 그 중 라스베이거스에 들르면 누구나 한 번쯤 구경하고 싶어 하는 쇼가 두 개 있다. 하나는 Blue Man Group(블루맨 그룹) 쇼이고, 또 하나는 O(오) 쇼이다. 이 쇼들을 보고 있노라면 내 안에 잠자고 있던 상상력이 절로 용솟음치는 게 느껴지는 것 같다. 그리고 이 쇼들은 워낙 인기가 많아서 최소한 몇 주전에 예매를 하지 않으면 표 구하는 게 말 그대로 장난이 아니다.

환상적인 Blue Man Group 쇼는 푸른 머리를 한 출연자 세 명이 타악기 음악, 예술, 과학, 마임 등을 합성하여 관객들의 오감을 끝없이 자극한다. 특히 1,000명이 넘는 관객들을 거대한 '종이 홍수' 속 공동 작업에 모두 참여시키는 기획은 정말이지 놀랍다.

물을 테마로 한 O 쇼는 태양의 서커스(Cirque du Soleil)의 대표 쇼이다. 태양의 서커스는 그네와 동물이 등장하는 한물간 쇼로만 여겨지던 서커스를 체조와 수영, 연극, 마임, 음악, 영상 등 다른 장르들을 융합시켜 예술의 경지로 끌어올린 세계 최대의 공연 회사이다. 물 밑에서 이동 무대가 올라오면 600만 리터의 물이 푸른 호수처럼 넘실대던 무대가 순식간에 평지로 변하는데, 다양한 국적으로 이루어진 100명 이상의 출연자들이 펼치는 O 쇼는 웬만한 공연들과는 아예 차원이 다르다.

단어만 알아도 안심이 돼요.

라스베이거스의 유명한 쇼를 관람할 때 알아두면 좋은 건 아래 단어만으로도 충분해요. 정확하게 말할 수 있게 발음을 듣고 따라 해 보세요.

SINGLE WORDS

열, 줄	row
위층	upper level
정가	regular price
할인된	discounted
싸게 잘 산 거래	good deal
다 팔린, 매진된	sold out
어른, 성인	adult
청소년	youth
넣다, 삽입하다	insert
(공연장의) 매점	concession stand

COMBO PHRASES

앞쪽 열	the front row
위층 좌석	a seat in the upper level
정가에서 10 퍼센트 할인	10% off regular price
할인 표	discounted tickets
표를 싸게 잘 사다	get a good deal on the tickets
표가 다 팔렸다.	The tickets are sold out.
어른 둘, 어린이 하나	two adults and one child
청소년으로 봐주다	be considered a youth
신용카드 칩을 아래로 넣다	insert the chip on the bottom
탄산음료를 매점에서 사다	buy soda at the concession stand

뼈대 문장 익히기

여행에 필요한 뼈대 문장을 익혀 보아요. 머릿속에서만 맴돌던 영어 문장이 입에서 터져 나와요.

뼈대 문장 1

What is the O show about?
'오' 쇼는 무슨 내용이에요?

〈What is A about?〉 구조를 아예 통째로 외워 두면 편합니다. 'A는 뭐에 관한 거예요?'의 뜻으로 책이나 영화, 공연 내용 등을 물어볼 때 유용하게 활용할 수 있습니다.

다음 단어를 넣어 문장을 쓰고 말해 보세요.

1 '블루맨 그룹' 쇼는 | the Blue Man Group show   □ □ □

2 '카' 쇼는 | the Ka show   □ □ □

3 '미스티어' 쇼는 | the Mystere show   □ □ □

4 '자카나' 쇼는 | the Zarkana   □ □ □

*이건 모두 라스베이거스에서 유명한 쇼의 이름들입니다.

뼈대 문장 2

I was wondering if I could buy two tickets for the O show.
'O' 쇼 표 두 장을 사려고 하는데요.

시제가 과거라고 과거 시제로 해석하지 마세요. 이렇게 과거 시제로 써 놓고 원어민들은 현재의 상태를 표현하기도 합니다. 왜 이렇게 쓰는지 분석하지 말고 '아, 이 사람들은 이렇게 쓰는구나'라고 받아들이고 연습하여 쓰면 됩니다.

1 '블루맨 그룹' 쇼 표 세 장을 | three tickets for the Blue Man Group show   □ □ □

2 성인 둘 어린이 하나, 표 세 장을 | three tickets for two adults and one child   □ □ □

3 성인 표 두 장, 어린이 표 한 장을 | two adult tickets and one child ticket   □ □ □

4 7시 표 두 장을 | two tickets at 7   □ □ □

UNIT 4 창의력 폭발 'O' 쇼와 '블루맨 그룹' 쇼 티켓 예매하고 관람하기

뼈대 문장 3

It was $150 per ticket, but totally worth it.
한 장에 150달러였지만, 그만한 값어치가 충분히 있었어요.

totally는 '완전히, 진짜로'의 의미고요, worth는 '~할 만한 가치가 있는'의 뜻이에요. 바로 뒤에 명사나 visiting 같은 〈동사-ing〉가 오는 것에 유의하세요.

1 100달러 | $100 ☐ ☐ ☐

2 85달러 | $85 ☐ ☐ ☐

3 130달러 | $130 ☐ ☐ ☐

4 180달러 | $180 ☐ ☐ ☐

뼈대 문장 4

The O show didn't live up to my expectations.
'오' 쇼는 제 기대에 못 미쳤어요.

유명하고 장난 아니라고 해서 기대를 잔뜩 했지만 예상 외로 별로인 경우도 있습니다. live up to는 '~에 부응하다, 합당하다'의 뜻인데, 이것을 이용해 기대에 못 미쳤다는 걸 표현할 수 있어요.

1 '블루맨 그룹' 쇼는 | The Blue Man Group show ☐ ☐ ☐

2 '비틀즈 러브'는 | The Beatles Love* ☐ ☐ ☐

3 '마이클 잭슨 원'은 | Michael Jackson One** ☐ ☐ ☐

4 '비바 엘비스'는 | Viva Elvis*** ☐ ☐ ☐

*비틀즈 러브: 미라지 호텔에서 비틀즈 음악을 배경으로 진행되는 쇼.
**마이클 잭슨 원: 태양의 서커스 중에서 좀 더 댄스에 특화돼 있는 쇼. 만달레이베이 호텔에서 진행.
***비바 엘비스: 엘비스의 명곡을 배경으로 한 태양의 서커스 시리즈 중의 하나.

뼈대 문장 5

I've seen several Cirque du Soleil's shows, and this one is my favorite. 태양의 서커스 쇼들을 여러 개 보았는데, 이게 제일 내 맘에 들어요.

태양의 서커스 쇼는 단일 쇼가 아니라 여러 개 쇼로 이뤄져 있고, 개별 쇼들이 여러 호텔에서 공연되고 있습니다. 그런 여러 개 쇼 중에서 가장 마음에 드는 걸 표현할 때 쓸 수 있는 문장으로, 여러 가지로 응용 가능하니 꼭 알아두세요.

1 '오'가 | O

2 '카'가 | Ka

3 '비틀즈 러브'가 | the Beatles Love

4 '마이클 잭슨 원'이 | Michael Jackson One

뼈대 문장 6

I've always wondered why they call it O. 왜 그 쇼를 '오'라고 부르는지 늘 궁금했어요.

쇼 이름을 보면 어떤 내용일지 짐작이 가는 게 있고, 왜 제목이 저럴까 궁금한 것들이 있습니다. 그런 걸 표현할 때 쓰기 딱 좋은 문장입니다. 과거부터 지금까지 지속된 상황이나 행동을 표현할 때는 〈have+과거분사〉로 나타내는데, 여기에 always를 쓰면 띄엄띄엄 그랬다는 게 아니라 늘 그래 왔다는 걸 강조하게 됩니다.

1 '카'라고 | Ka

2 '미스티어'라고 | Mystere

3 '자카나'라고 | Zarkana

4 '르 레브'라고 | Le Reve

UNIT 4 창의력 폭발 'O' 쇼와 '블루맨 그룹' 쇼 티켓 예매하고 관람하기

뼈대 문장 7

I've been wanting to watch this show for a long time.
이 쇼를 오래 전부터 보고 싶었어요.

앞서 설명한 〈have+과거분사〉 대신에 〈have been+동사-ing〉를 쓰면 과거부터 시작된 행동이나 상태가 지금 말하는 순간에도 그렇다는 것을 좀 더 강조하여 말하는 뉘앙스를 풍길 수 있습니다.

1 '블루맨 그룹' 쇼를 | the Blue Man Group show ☐☐☐

2 '오' 쇼를 | the O show ☐☐☐

3 '비틀즈 러브'를 | the Beatles Love ☐☐☐

4 '마이클 잭슨 원'을 | Michael Jackson One ☐☐☐

뼈대 문장 8

I'd highly recommend this show.
이 쇼를 강력히 추천하고 싶어요.

I highly recommend this show.와 이 문장의 차이는 뭘까요? I highly recommend this show.는 '나는 (늘) 이 쇼를 강력 추천해요'로 평소의 행동이나 습관을 표현합니다. 반면, I'd highly recommend this show.는 평소의 행동이나 습관이 아니라 '(나에게 만약 추천권이 주어진다면) 이 쇼를 강력히 추천하겠다'는 일종의 조건이 들어 있는 문장이에요. 'd가 있고 없고의 차이, 꼭 알아두세요.

1 '블루맨 그룹' 쇼를 | the Blue Man Group show ☐☐☐

2 태양의 서커스의 '오'를 | Cirque du Soleil's O ☐☐☐

3 '비틀즈 러브'를 | the Beatles Love ☐☐☐

4 '비바 엘비스'를 | Viva Elvis ☐☐☐

실전 회화

라스베이거스의 유명 쇼를 볼 때 하는 대화는 어떻게 이뤄질까요? 알아듣는 것도 중요하지만 특히 내가 말해야 하는 것에 주의해서 들어 보세요.

Dialog 1
'O' 쇼 전용 극장 매표소에서 원하는 좌석을 얘기하며 티켓 두 장 구입하기

안녕하세요! 'O' 쇼 표 두 장을 사려고 하는데요.
Hi there! I was wondering if I could buy two tickets for the O show.

매표소 직원: 네. 어디 앉고 싶으세요?
CASHIER: Yes. Where would you like to sit?

앞쪽 열에 자리가 있나요?
Do you have anything in the front row?

매표소 직원: 아쉽게도 모두 팔렸네요. 위층의 앞쪽 근처는 어떠세요?
CASHIER: Unfortunately, those are sold out. How about something in the upper level near the front?

네, 괜찮을 것 같네요.
Yeah, that sounds great.

매표소 직원: (화면을 보면서) 가운데 쪽으로 자리가 있는데, 뒤쪽 두 열이네요. 괜찮으시겠어요?
CASHIER: (looking at the screen) I found something in the center, but it's two rows behind. Is that okay?

잠깐만요. 아내와 상의해 보고요. (아내와 얘기하며) 괜찮다고 하네요. 얼마를 내면 되죠?
Hang on, let me check with my wife. (speaking with your wife) She says it will be fine. How much do I owe you?

매표소 직원: 240달러인데 세금 포함해서 총 268달러 80센트네요.
CASHIER: That'll be $240 plus tax…it'll be $268.80 in total.

좋습니다! 신용카드 여기 있어요.
Perfect! Here's my card.

Hang on.: 잠시만요.
in total: 총 합쳐서

Dialog 2

쇼 전용 극장 매표소에서 오늘 밤 공연에 대해 물어보며 티켓 구입하기

🗣 쇼가 오늘 밤 몇 시인가요?
What time is the show tonight?

> 👂 매표소 직원: 개관은 오후 6시에 하지만, 쇼는 오후 7시에 시작해요.
> **CASHIER:** The doors open at 6 p.m., but the show starts at 7 p.m.

🗣 아, 그래요. 그럼 표 세 장 주세요. 어른 둘, 어린이 하나요.
Oh, okay. I'd like to buy three tickets please. Two adults and one child.

> 👂 매표소 직원: 아이가 몇 살이죠?
> **CASHIER:** How old is your child?

🗣 열두 살이에요.
He is 12.

> 👂 매표소 직원: 죄송합니다만, 자제분은 청소년으로 봐야 할 것 같네요. 그럼 가격이 10달러 더 비싸져요.
> **CASHIER:** I'm sorry, sir. He will have to be considered a youth, and the price will be $10 more.

🗣 괜찮습니다.
That's fine.

> 👂 매표소 직원: 그럼 세 분 모두 해서 260달러예요. 어떻게 지불하시겠어요?
> **CASHIER:** So your total is $260 for the three of you. How will you be paying today?

🗣 비자카드 받으세요?
Do you take Visa?

> 👂 매표소 직원: 그럼요. 신용카드 칩을 아래에 넣으시고 기다렸다가 비밀번호를 입력해 주세요. *(매표소 직원이 당신에게 표를 건네준다.)* 여기 있습니다!
> **CASHIER:** Of course. Please insert the chip on the bottom and wait to enter your PIN number. *(He hands you the tickets.)* Here you go!

🗣 감사합니다.
Thank you.

실전 말하기 훈련

많이 말해 본 사람이 실전에도 강합니다. 뼈대 문장 훈련으로 워밍업이 됐다면 회화 속 실전 문장을 큰 소리로 말해 보세요.

안녕하세요!
Hi there!

'O' 쇼 표 두 장을 사려고 하는데요.
I was wondering if I could buy two tickets for the O show.

앞쪽 열에 자리가 있나요?
Do you have anything in the front row?

네, 괜찮을 것 같네요.
Yeah, that sounds great.

잠깐만요. 아내와 상의해 보고요.
Hang on, let me check with my wife.

아내가 괜찮다고 하네요. 얼마를 내면 되죠?
She says it will be fine. How much do I owe you?

좋습니다! 신용카드 여기 있어요.
Perfect! Here's my card.

쇼가 오늘 밤 몇 시인가요?
What time is the show tonight?

표 세 장 주세요. 어른 둘, 어린이 하나요.
I'd like to buy three tickets please. Two adults and one child.

괜찮습니다.
That's fine.

비자카드 받으세요?
Do you take Visa?

보고
바로 말하기

실제 상황에서는 우리말 문장과 동시에 영어가 떠올라야 해요. 우리말 문장을 보고 영어로 바로 말해 보세요.

- ☐ '오' 쇼는 무슨 내용이에요?
- ☐ 'O' 쇼 표 두 장을 사려고 하는데요.
- ☐ 한 장에 150달러였지만, 그만한 값어치가 충분히 있었어요.
- ☐ '오' 쇼는 제 기대에 못 미쳤어요.

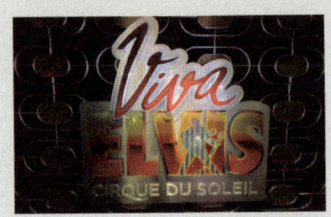

- ☐ 태양의 서커스 쇼들을 여러 개 보았는데, 이게 제일 내 맘에 들어요.
- ☐ 왜 그 쇼를 '오'라고 부르는지 늘 궁금했어요.
- ☐ 이 쇼를 오래 전부터 보고 싶었어요.
- ☐ 이 쇼를 강력히 추천하고 싶어요.
- ☐ 어디 앉고 싶으세요?

- ☐ 아쉽게도 모두 팔렸네요.
- ☐ 개관은 오후 6시에 하지만, 쇼는 오후 7시에 시작해요.
- ☐ 자제분은 청소년으로 봐야 할 것 같네요.
- ☐ 세 분 모두 해서 260달러예요.

UNIT 5

'신발업계의 아마존' 자포스(Zappos) 회사 견학하기

세계 최대 전자상거래 기업 아마존 닷컴이 한 온라인 쇼핑몰 기업을 우리 돈으로 무려 1조가 넘는 돈을 주고 사들여 화제가 된 적이 있다. 그 주인공은 바로 라스베이거스 다운타운에 본사를 두고 온라인을 통해 신발을 판매하는 자포스(Zappos)이다.

신발은 직접 신어 보지 않고는 구매 결정이 어려운 상품이다. 이에 자포스는 만약 신어 보고 나서 고객 마음에 들지 않으면 언제든지 무료 반품할 수 있는 혁신적인 서비스로 돌풍을 일으켰다. 또 자포스는 구글마저 벤치마킹 대상으로 삼을 만큼 감동을 불러일으키는 고객 서비스 정신과 창의적인 조직 문화로도 유명하다.

자포스는 이런 독특한 기업 문화를 투어 프로그램을 통해 일반인들에게 공개하고 있다. 예전에는 무료로 투어 프로그램을 운영하였는데, 요즘은 신청자들이 많아 약간의 돈을 받고 있다. 또 자포스는 본사가 위치한 라스베이거스 다운타운 지역의 창업자들과 소상공인들을 지원하고, 유치원을 운영하면서 아이들에게 기업가 정신을 가르치는 '도시 재생 프로젝트'도 실행하고 있다. 라스베이거스 다운타운에 들르면 꼭 '자포스 견학'을 한번 해 보기 바란다. 비즈니스 시야가 넓어지는 색다른 체험이 될 것이다.

단어만 알아도 안심이 돼요.

자포스 회사를 투어할 때 알아두면 좋은 건 아래 단어만으로도 충분해요. 정확하게 말할 수 있게 발음을 듣고 따라 해 보세요.

SINGLE WORDS

본사	head office
본사/본부를 둔	based
위치해 있다	be located
예약하다	book
가이드가 안내하는 투어	guided tour
창고	warehouse
(물건 등을) 보유하다	carry
배송	delivery
배송하다	ship (v.)
배송료	shipping fee

COMBO PHRASES

현재 본사	current head office
라스베이거스에 본사를 둔 회사	the company based in Las Vegas
다른 지역에 위치해 있다	be located in another location
자포스 회사 투어를 예약하다	book the Zappos company tour
가이드가 안내하는 투어를 하다	take the guided tour
창고를 보다	see the warehouse
모든 치수를 넉넉히 보유하다	carry a surplus of each size
빠른 배송	fast delivery
해외로 배송하다	ship overseas
배송료를 부담하다	cover the shipping fee

뼈대 문장 익히기

여행에 필요한 뼈대 문장을 익혀 보아요. 머릿속에서만 맴돌던 영어 문장이 입에서 터져 나와요.

뼈대 문장 1

What makes Zappos different?
자포스는 뭐가 다른가요?

기업 투어나 상점에서 활용할 수 있는 표현입니다. 〈make A B〉는 'A를 B로 만들다'로 위의 문장은 직역하면 '무엇이 자포스를 다르게 만드는가?'예요. 자포스 자리에 여러 표현을 넣어 무궁무진하게 활용이 가능합니다.

다음 단어를 넣어 문장을 쓰고 말해 보세요.

1 애플은 | Apple

2 구글은 | Google

3 코스트코는 | Costco

4 토이즈러스는 | Toys R Us

뼈대 문장 2

I feel that Zappos is just another online store.
저는 자포스가 그냥 또 다른 온라인 상점으로 느껴지는데요.

'I feel that ~ (~한 느낌이에요)'를 활용하면 자신의 감정이나 느낀 점을 표현할 수가 있어요. ~ 자리에는 〈주어+동사〉의 문장을 쓰면 됩니다.

1 아마존이 | Amazon

2 이베이가 | eBay

3 아소스가 | ASOS*

4 식스피엠이 | 6pm**

*ASOS: 영국 온라인 쇼핑몰   **6pm: 자포스에서 운영하는 종합 패션 잡화 쇼핑몰

UNIT 5 '신발업계의 아마존' 자포스(Zappos) 회사 견학하기

뼈대 문장 3

What does your company sell?
귀사는 무엇을 파나요?

기업 투어 같은데 가면 굉장히 어렵고 고급스런 어휘를 구사해야 할 것 같죠? 사실은 안 그래요. 그냥 궁금한 것을 쉬운 문장으로 물어보면 됩니다. 〈What do/does+주어+동사원형 ~?〉으로 주어가 평소에 뭘 하는지 물어볼 수 있어요.

1 만드나요 | make □ □ □

2 생산하나요 | produce □ □ □

3 제공하나요 | offer □ □ □

4 전문으로 하나요 | specialize in □ □ □

뼈대 문장 4

Do you ship overseas?
해외로도 배송하나요?

overseas는 '해외로'의 뜻이에요. 왠지 oversea의 복수형인 듯한 느낌이지만, 그런 거 전혀 아니니까 이번 기회에 꼭 용법을 알아두세요. ship은 명사로는 '배'의 뜻이지만 동사로는 '배송하다'의 뜻입니다.

1 미국 외 지역에도 | outside of* the U.S. □ □ □

2 아시아로도 | to Asia □ □ □

3 한국에도 | to Korea □ □ □

4 서울에도 | to Seoul □ □ □

*outside of: ~ 이외에

뼈대 문장 5

When was your company founded?
귀사는 언제 설립되었나요?

많이 헷갈리는 동사를 이번 기회에 꼭 알아두세요. find는 '찾다'의 뜻으로 find-found-found로 동사 변화합니다. found는 '~을 설립하다'의 뜻으로 found-founded-founded로 동사 변화하죠. 그래서 found를 봤을 때 이게 find의 과거형인지, found의 동사원형인지를 정확하게 캐치하는 게 필요합니다. 여기서는 '설립하다' found의 과거분사로 쓰였네요.

1 마이크로소프트는 | Microsoft

2 넷플릭스는 | Netflix

3 자포스는 | Zappos

4 스타벅스는 | Starbucks

뼈대 문장 6

How many people work at your head office?
본사에는 몇 명이 근무하나요?

head office는 '본사'로 headquarters라고도 표현합니다. 주의할 것은 headquarters로 뒤에 -s를 꼭 붙여 줘야 해요.

1 지사에는 | your branch office

2 시애틀 사무소에는 | your Seattle office

3 공장에는 | your factory

4 고객 만족 센터에는 | your customer satisfaction center

뼈대 문장 7

Where is your factory located?
귀사의 공장은 어디에 위치해 있나요?

〈주어+be located〉는 '주어가 위치하다'의 뜻으로 어떤 사물이 있는 장소를 나타낼 때 씁니다.

1 귀사의 본사는 | your head office

2 귀사의 고객 서비스 센터는 | your customer service center

3 귀사의 물류 센터는 | your distribution center

4 귀사의 연구 개발 센터는 | your R&D center*

*R&D: research & development (연구 개발)

뼈대 문장 8

I was wondering if I could see the break room.
휴게실을 좀 볼 수 있을런지요.

I was wondering if ~를 과거시제니까 '나는 ~인지가 궁금했어요'로 해석하지 않도록 하세요. 시제는 과거이지만 해석은 현재형으로 자연스럽게 하면 됩니다. wonder 자체는 '궁금해하다'의 뜻인데 이렇게 말하면 상대방에게 허락을 구하는 거예요.

1 회의실들을 | the meeting rooms

2 구내식당을 | the cafeteria

3 대표이사 사무실을 | the CEO's office

4 창고를 | the warehouse

실전 회화

자포스 회사를 투어할 때 하는 대화는 어떻게 이뤄질까요? 알아듣는 것도 중요하지만 특히 내가 말해야 하는 것에 주의해서 들어 보세요.

Dialog 1
자포스 본사에 도착해 안내 직원에게 자포스에 관해 궁금한 것 물어보기

직원: 자포스에 오신 것을 환영합니다!
STAFF: Welcome to Zappos!

자포스는 어떤 회사인가요?
What is Zappos?

직원: 저희는 라스베이거스에 본사를 둔 의류와 신발을 판매하는 온라인 쇼핑 선두 업체입니다. 클릭 한 번으로 여러분들이 입으실 옷 전체를 고를 수 있어요. 사이즈 찾느라 애 먹으신 적 있으시죠?
STAFF: We are the leading online shopping network for clothing and shoes based in Las Vegas. You can choose your entire wardrobe with only one click. Have you ever had any trouble finding your size?

네, 늘 다 팔리고 없더군요.
Yes, they're always sold out.

직원: 음, 자포스에서는 모든 사이즈들의 재고를 넉넉히 보유하고 있어요. 저희 창고에는 온갖 사이즈들이 다 있답니다!
STAFF: Well, at Zappos we carry a surplus of each size. Our warehouse has all sizes!

그럼 제 사이즈를 못 찾을까 봐 걱정할 필요가 없겠네요.
Then I do not need to worry about not finding my size.

직원: 네, 전혀 걱정하실 필요 없어요!
STAFF: Absolutely not!

멋지네요! 창고를 구경할 수 있을까요?
Awesome! Can we see the warehouse?

직원: 아쉽게도 창고는 다른 지역에 위치해 있어요. 이곳은 현재 저희 본사고요.
STAFF: Unfortunately, the warehouse is located in another location. This is our current head office.

아, 그렇군요.
Oh, okay.

a surplus of: ~가 넉넉한, ~가 넘치는
awesome: 멋진

UNIT 5 '신발업계의 아마존' 자포스(Zappos) 회사 견학하기

Dialog 2

자포스 회사 투어를 하면서 안내 직원에게 자포스에 관해 궁금한 것들 더 물어보기

저는 자포스가 그냥 또 하나의 온라인 상점으로 느껴져요. 도대체 뭐가 다른가요?
I feel that Zappos is just another online store. What makes it different?

직원: 음, 저희는 안 입고 세탁하지 않은 물건은 무엇이든 30일 이내에 무료로 반환해 주는 정책을 제공해요.
STAFF: Well, we offer a free return policy for anything that is unworn and unwashed within 30 days.

배송은 얼마나 빠른가요?
How fast is the delivery?

직원: 어디에 사시느냐에 따라 다르긴 하지만, 어느 곳이든지 영업일로 5~10일쯤 걸려요.
STAFF: It may take anywhere from 5 to 10 business days, depending on where you live.

제가 배송료를 지불해야 하나요?
Do I need to pay the shipping fee?

직원: 네. 총 구매 금액이 100달러를 넘지 않으면 배송료를 부담하셔야 해요.
STAFF: Yes, you will have to cover the shipping fee unless the total bill is more than $100.

해외로도 배송하나요? 제가 한국에 살아서요.
Do you ship overseas? I live in South Korea.

직원: 아쉽게도 안 해요. 지금 당장은 하지 않아요. 하지만 바라건대 앞으로는 할 수도 있을 거예요.
STAFF: Unfortunately, no. We don't right now. But hopefully in the future, we will.

아, 그래요.
Oh, I see.

---

free return: 무료 반환   **unworn:** 입지 않은   **anywhere:** 어느 곳이든
business day: 영업일   **depending on:** ~에 따라서

많이 말해 본 사람이 실전에도 강합니다. 뼈대 문장 훈련으로 워밍업이 됐다면 회화 속 실전 문장을 큰 소리로 말해 보세요.

자포스는 어떤 회사인가요?
What is Zappos?

늘 다 팔리고 없더군요.
They're always sold out.

그럼 제 사이즈를 못 찾을까 봐 걱정할 필요가 없겠네요.
Then I do not need to worry about not finding my size.

멋지네요!
Awesome!

창고를 구경할 수 있을까요?
Can we see the warehouse?

저는 자포스가 그냥 또 하나의 온라인 상점으로 느껴져요.
I feel that Zappos is just another online store.

도대체 뭐가 다른가요?
What makes it different?

배송은 얼마나 빠른가요?
How fast is the delivery?

제가 배송료를 지불해야 하나요?
Do I need to pay the shipping fee?

해외로도 배송하나요? 제가 한국에 살아서요.
Do you ship overseas? I live in South Korea.

UNIT 5 '신발업계의 아마존' 자포스(Zappos) 회사 견학하기

보고
바로 말하기

실제 상황에서는 우리말 문장과 동시에 영어가 떠올라야 해요. 우리말 문장을 보고 영어로 바로 말해 보세요.

- ☐ 자포스는 뭐가 다른가요?
- ☐ 저는 자포스가 그냥 또 다른 온라인 상점으로 느껴져요.
- ☐ 귀사는 무엇을 파나요?
- ☐ 해외 배송도 하나요?
- ☐ 귀사는 언제 설립되었나요?

- ☐ 본사에는 몇 명이 근무하나요?
- ☐ 귀사의 공장은 어디에 위치해 있나요?
- ☐ 휴게실을 좀 볼 수 있을런지요.
- ☐ 사이즈 찾느라 애 먹으신 적이 있으시죠?
- ☐ 자포스에서는 모든 사이즈들을 넉넉히 보유하고 있어요.

- ☐ 저희 창고에는 온갖 사이즈들이 다 있어요.
- ☐ 창고는 다른 지역에 위치해 있어요.
- ☐ 이곳은 현재 저희 본사고요.
- ☐ 저희는 안 입고 세탁하지 않은 물건은 무엇이든 30일 이내에 무료로 반환하는 정책을 제공해요.

UNIT 6

'그랜드 캐년' 감상하며 주위 관광객에게 말 걸고
사진 찍어 달라고 부탁하기

라스베이거스 여행을 하다 보면 문득 이런 생각이 든다. '하나님의 능력도 엄청나지만 인간의 힘도 참 대단한 것 같아.' 허허벌판 모래 위에 세워진, 불이 꺼지지 않는 인공 도시를 바라보면 자연스레 그런 생각이 든다. 하지만 이게 끝이 아니다. 라스베이거스 도심을 벗어나 자동차로 5시간 가량 달리면 수억 년 지구 역사를 고스란히 간직한 그랜드 캐년(Grand Canyon)이 서서히 그 웅장한 모습을 드러낸다. 전망대에서 그랜드 캐년을 굽어보는 순간, 인간의 힘을 감히 하나님의 능력에 비유한 자신의 어리석음과 겸손의 참 의미를 깨닫게 된다. 라스베이거스 여행을 '눈요기 관광'에서 '비전 체험 여행'으로 업그레이드 시키려면 대자연이 숨 쉬는 그랜드 캐년을 꼭 들러 보아야 한다.

라스베이거스에서 그랜드 캐년을 가는 방법은 자동차 여행 외에도 여러 가지가 있다. 그 중 여행객들에게 인기 있는 것은 경비행기나 헬리콥터를 이용하는 것이다. 하늘에서 그랜드 캐년을 내려다보는 것은 또 하나의 잊지 못할 추억이다. 그리고 그랜드 캐년에 도착해 세계 최고 높이의 빌딩보다 훨씬 더 높은 곳에서 난간과 바닥이 모두 유리로 된 '스카이워크(Skywalk)'를 걷노라면 그야말로 하늘 위를 걷는 기분이 든다.

단어만 알아도 안심이 돼요.

실제 그랜드 캐년 체험 시 꼭 알아야 하는 건 아래 단어만으로도 충분해요. 정확하게 말할 수 있게 발음을 듣고 따라 해 보세요.

SINGLE WORDS

경치가 장관인	spectacular
숨이 멎을 듯이 아름다운	breathtaking
와, 어머나	gosh
압권이다	take the cake[1]
자연	nature
놀라게 하다	amaze
호의, 부탁	favor
사진	picture
(버튼 등을) 누르다	press
(화면의) 배경	background

COMBO PHRASES

경치가 장관인 나이아가라 폭포	spectacular Niagara Falls
숨이 멎을 듯이 아름다운 경치	breathtaking view
와, 세상에!	Oh my gosh!
이곳 경치가 압권이네요.	This view takes the cake.
대자연	Mother Nature
매번 ~를 놀라게 하다	amaze someone each time
~에게 부탁을 하나 하다	ask someone a favor
사진을 찍다	take a picture
이 버튼을 눌러 주세요.	Please press this button.
그랜드 캐년을 배경으로	with the Grand Canyon in the background

1 19세기에서 20세기 초, 미국 남부 흑인 사회에서는 으쓱거리며 걷는 게 특징인 케이크워크(cakewalk)가 유행이었어요. 이 춤 경연대회 우승자에게 cake가 상으로 주어져서 유래되었다는 이야기가 있습니다.

뼈대 문장 익히기

여행에 필요한 뼈대 문장을 익혀 보아요. 머릿속에서만 맴돌던 영어 문장이 입에서 터져 나와요.

뼈대 문장 1

This is a spectacular view, isn't it?
정말 대단한 경치예요, 그렇죠?

원어민들은 말을 다 하고 나서 상대방의 동의를 얻으려는 목적으로 뒤에 isn't it? 같은 말을 첨부합니다. 어려운 말로 부가의문문이라고 하는데요, 이 부가의문문은 앞에 말한 문장이 긍정이면 부정으로, 부정이면 긍정으로 만듭니다. 앞 문장에 쓰인 동사를 활용해 〈be동사 /do동사 /조동사＋대명사 주어〉로 만들면 간단합니다.

다음 단어를 넣어 문장을 쓰고 말해 보세요.

1 멋진 | great

2 훌륭한 | magnificent

3 기막히게 멋진 | marvelous

4 숨이 멎을 듯이 아름다운 | breathtaking

뼈대 문장 2

I've been to Niagara Falls, but this view takes the cake.
나이아가라 폭포에 가 본 적이 있지만, 이곳 경치는 정말 압권이네요.

take the cake 표현을 꼭 알아두세요. be the best와 같은 뜻으로 '최고다, 압권이다'의 의미입니다. 그리고 '~에 가 본 적이 있다'는 〈have been to+장소〉로 표현합니다. 〈have gone to+장소〉로 표현하는 사람도 있는데, 이건 '~에 가 버렸다 (그래서 여기에 없다)'의 뜻이어서 완전히 다른 의미를 나타내요.

1 옐로우스톤에 | Yellowstone

2 요세미티에 | Yosemite

3 알프스에 | the Alps*

4 록키산맥에 | the Rockies

*정확하게 the Alps는 '알프스 산맥'을 뜻합니다. 이렇게 산맥 이름 앞에는 the를 붙입니다.

UNIT 6 '그랜드 캐년' 감상하며 주위 관광객에게 말 걸고 사진 찍어 달라고 부탁하기

뼈대 문장 3

This is actually my third time coming to the Grand Canyon.
사실 이번이 세 번째 그랜드 캐년에 오는 거예요.

관광객과 만나서 해당 장소에 몇 번째 오는 것인지 말할 수도 있죠? 그때 유용하게 쓸 수 있는 표현이에요.

1 처음 | my first time ☐☐☐

2 생전 처음 | my very first time* ☐☐☐

3 두 번째 | my second time ☐☐☐

4 다섯 번째 | my fifth time ☐☐☐

*my first time 사이에 very를 넣으면 '처음'을 강조하는 느낌을 주어서 '생전 처음'의 뜻이 됩니다.

뼈대 문장 4

I'm here with my family.
가족과 함께 여기 왔어요.

자신과 함께 여행 온 사람을 말하면서 대화의 주제가 더 넓어지기도 합니다. 〈with+함께 온 사람〉으로 간단하게 표현할 수 있어요.

1 아내와 | my wife ☐☐☐

2 아내랑 두 아이들과 | my wife and two kids ☐☐☐

3 부모님과 | my parents ☐☐☐

4 친구와 | my friend ☐☐☐

뼈대 문장 5

I wish I could come more often.
더 자주 와 보고 싶어요.

I wish I could는 이뤄지기 조금 힘든 일을 바랄 때 쓸 수 있는 표현이에요. 그랜드 캐니언이 사실 자주 가 볼 수 있는 곳은 아니죠. 그렇지만 그래도 자주 와 보고 싶다는 바람을 표현할 때는 단순히 I want to보다 I wish I could를 쓰는 게 더 간절한 마음을 나타낼 수 있습니다.

1. 또 와 보고 | come again
2. 언젠가 시카고를 가 보고 | visit Chicago some day
3. 세계 일주 여행을 해 보고 | travel around the world*
4. 당신처럼 여행해 보고 | travel like you

*travel around the world: 세계 일주 여행을 하다

뼈대 문장 6

I was wondering if I could ask you a favor.
부탁 좀 하나 해도 될는지요.

우리말로 '부탁 좀 할까요?'보다 '부탁 좀 하나 해도 될는지요'라고 하는 게 더 정중하게 들리듯이 Can I ask you a favor?보다 이렇게 I was wondering if ~로 표현하는 게 더 정중하게 들립니다. I was wondering if ~라고 말하면 뜬금없다는 느낌은 빼고 공손함을 더하면서 부탁하는 모양새를 갖추게 됩니다.

1. 질문 좀 하나 해도 | ask you a question
2. 도움을 좀 부탁해도 | ask for* your help
3. 펜을 좀 빌려도 | borrow your pen
4. 잠깐 얘기 좀 해도 | talk to you** for a moment

*ask for: ~을 요청하다   **talk to someone: ~와 이야기하다

뼈대 문장 7

Could you take a picture of us with the Grand Canyon in the background? 그랜드 캐년을 배경으로 저희 사진 좀 찍어 주실래요?

유명 관광지에서 뒤 배경으로 관광지가 나오도록 찍어 달라고 다른 사람에게 부탁하고 싶을 때 아주 유용하게 쓸 수 있는 표현입니다. 반드시 외워 두세요.

1 그랜드 캐년 스카이워크를 | the Grand Canyon Skywalk   ☐ ☐ ☐

2 사우스 림을 배경으로 | the South Rim   ☐ ☐ ☐

3 호피 포인트를 배경으로 | the Hopi Point   ☐ ☐ ☐

4 데저트 뷰 감시탑을 | the Desert View Watchtower   ☐ ☐ ☐

뼈대 문장 8

Could you take another one, if you don't mind? 괜찮으시면 한 장 더 찍어 주실래요?

another는 앞에서 이미 뭔가를 한 상태에서 한 번 더 할 때 쓰는 단어예요.
if you don't mind는 '괜찮으시다면'으로 통으로 외워 주세요.

1 우리 사진 좀 찍어 주실래요 | take a picture of us   ☐ ☐ ☐

2 저 이것 좀 도와주실래요 | help me with this   ☐ ☐ ☐

3 (자리를) 옆으로 조금만 옮겨 주실래요 | move over a little   ☐ ☐ ☐

4 댁의 배낭을 좀 치워 주실래요 | move your backpack   ☐ ☐ ☐

실전 회화

실제 그랜드 캐년에서 관광하며 옆 사람과 하는 대화는 어떻게 이뤄질까요? 알아듣는 것도 중요하지만 특히 내가 말해야 하는 것에 주의해서 들어 보세요.

Dialog 1
그랜드 캐년 스카이워크를 걸은 후 뒤의 관광객과 경치를 화제로 대화 나누기

👄 와, 세상에! 숨이 멎을 듯이 아름답네요!
Oh my gosh! This is breathtaking!

🎧 관광객: 저도 이런 경치는 전에 한번도 본 적이 없어요. 경치가 장관인 곳에 혹시 가 본 적 있으세요?
TOURIST: I've never seen anything like this before. Have you ever been anywhere so spectacular?

👄 나이아가라 폭포에 가 본 적이 있지만, 이곳 경치는 정말 압권이네요.
I've been to Niagara Falls, but this view takes the cake.

🎧 관광객: 사실 저는 이번이 세 번째 그랜드 캐년에 오는 거예요. 그래도 여전히 매번 올 때마다 참 놀라워요.
TOURIST: This is actually my third time coming to the Grand Canyon. It still amazes me each time.

👄 그래요? 저도 더 자주 와 보고 싶지만 너무 멀리 떨어진 곳에 살고 있어요.
Is that right? I wish I could come more often, but I live so far away.

🎧 관광객: 어디 사시는데요?
TOURIST: Where do you live?

👄 한국의 서울에요.
In South Korea, Seoul.

🎧 관광객: 저런, 정말 너무 머네요. 저는 시카고에 사는데, 이런 자연과 아름다움이 필요하죠.
TOURIST: Oh my, that is too far away. I live in Chicago. I need nature and beauty like this.

👄 네, 알아요. 서울도 시카고처럼 콘크리트 숲이라, 저도 자연이 절실하게 필요해요.
Yes, I know. Seoul is also the concrete jungle like Chicago. I desperately need nature too.

desperately: 필사적으로, 절실히

UNIT 6 '그랜드 캐년' 감상하며 주위 관광객에게 말 걸고 사진 찍어 달라고 부탁하기

Dialog 2

전망대에서 그랜드 캐년을 감상하면서 관광객 커플에게 사진 찍어 달라고 부탁하기

귀찮게 해서 죄송한데요, 부탁 좀 하나 해도 될는지요.
I'm sorry to bother you, but I was wondering if I could ask you a favor.

관광객 커플: 말씀하세요.
COUPLE: Go ahead.

그랜드 캐년을 배경으로 저희 사진 좀 찍어 주실래요?
Could you take a picture of us with the Grand Canyon in the background?

관광객 커플: 네, 그러죠. 당신 핸드폰으로요?
COUPLE: Yeah sure. With your phone?

네. 그랜드 캐년이 가능한 한 화면에 많이 잡히도록 신경 좀 써 주세요.
Yes. Please make sure you fit as much of the Grand Canyon in as possible.

관광객 커플: 네, 스마일 하세요! *(클릭)* 잘 찍혔는지 한번 확인해 주세요.
COUPLE: OK, smile! *(Click)* **Please check to make sure it's okay.**

괜찮으시면 한 장 더 찍어 주실래요?
Could you take another one, if you don't mind?

관광객 커플: 그럼요! *(클릭)*
COUPLE: I don't mind at all! *(Click)*

와! 잘 나왔네요! 도움 주셔서 정말 감사해요.
Oh wow! That looks great! Thank you so much for your help.

관광객 커플: 천만에요!
COUPLE: Anytime!

---

bother: 귀찮게 하다　**I was wondering if ~:** ~인지 궁금하다　**Go ahead.:** (상대방이 계속 말하도록 독려하는) 계속하세요.
make sure ~: ~을 확실하게 확인하다　**fit in:** ~이 들어갈 공간을 만들다　**as ~ as possible:** 가능한 한 ~하게
mind: 꺼려하다　**not ~ at all:** 조금도 ~ 않는　**Anytime.:** (감사의 인사말에) 천만에요.

많이 말해 본 사람이 실전에도 강합니다. 뼈대 문장 훈련으로 워밍업이 됐다면 회화 속 실전 문장을 큰 소리로 말해 보세요.

와, 세상에! 숨이 멎을 듯이 아름답네요!
Oh my gosh! This is breathtaking!

나이아가라 폭포에 가 본 적이 있지만, 이곳 경치는 정말 압권이네요.
I've been to Niagara Falls, but this view takes the cake.

저도 더 자주 와 보고 싶지만 너무 멀리 떨어진 곳에 살고 있어요.
I wish I could come more often, but I live so far away.

서울도 시카고처럼 콘크리트 숲이라, 저도 자연이 절실하게 필요해요.
Seoul is also the concrete jungle like Chicago. I desperately need nature too.

귀찮게 해서 죄송한데요, 부탁 좀 하나 해도 되는지요.
I'm sorry to bother you, but I was wondering if I could ask you a favor.

그랜드 캐년을 배경으로 저희 사진 좀 찍어 주실래요?
Could you take a picture of us with the Grand Canyon in the background?

그랜드 캐년이 가능한 한 화면에 많이 잡히도록 신경 좀 써 주세요.
Please make sure you fit as much of the Grand Canyon in as possible.

괜찮으시면 한 장 더 찍어 주실래요?
Could you take another one, if you don't mind?

잘 나왔네요! 도움 주셔서 정말 감사해요.
That looks great! Thank you so much for your help.

UNIT 6 '그랜드 캐년' 감상하며 주위 관광객에게 말 걸고 사진 찍어 달라고 부탁하기

보고
바로 말하기

실제 상황에서는 우리말 문장과 동시에 영어가 떠올라야 해요. 우리말 문장을 보고 영어로 바로 말해 보세요.

- [ ] 정말 대단한 경치예요, 그렇죠?

- [ ] 나이아가라 폭포에 가 본 적이 있지만, 이곳 경치는 정말 압권이네요.

- [ ] 사실 이번이 세 번째 그랜드 캐년에 오는 거예요.

- [ ] 가족과 함께 여기 왔어요.

- [ ] 더 자주 와 보고 싶어요.

- [ ] 부탁 좀 하나 해도 될는지요.

- [ ] 그랜드 캐년을 배경으로 저희 사진 좀 찍어 주실래요?

- [ ] 괜찮으시면 한 장 더 찍어 주실래요?

- [ ] 저도 이런 경치는 전에 한번도 본 적이 없어요.

- [ ] 경치가 장관인 곳에 혹시 가 본 적 있으세요?

- [ ] 그래도 여전히 매번 올 때마다 참 놀라워요.

- [ ] 잘 찍혔는지 한번 확인해 주세요.

- [ ] 천만에요!

UNIT 7

유니버설 스튜디오 할리우드에서 해리포터 체험하고 선물 사기

미국 서부 여행을 계획하는 사람이라면 꼭 들러 보고 싶어 하는 곳이 로스앤젤레스의 디즈니랜드(Disney Land)와 유니버설 스튜디오(Universal Studio)이다. 이 둘은 '세계 2대 테마파크'라고 불리는데 요즘은 테마파크의 원조격인 디즈니랜드보다 유니버설 스튜디오를 찾는 관광객들이 점점 늘고 있다. 특히 천문학적인 공사비를 투입한 테마 공원 '해리포터의 마법 세계(The Wizarding World of Harry Potter)가 개장해서 유니버설 스튜디오의 인기가 더욱 높아지고 있다.

유니버설 스튜디오 할리우드에서 가장 인기 있는 '해리포터의 마법 세계'는 영화 〈해리포터〉 시리즈에 나오는 마법학교 호그와트 성과 마법사 마을 호그스미드를 실물로 재연했다. 높이만 60미터가 넘는 거대한 호그와트 성과 내부의 낡은 가구와 닳은 마룻바닥, 해그리드가 타고 다닌 오토바이, 호그와트 학교 학생들이 춤을 추던 무도장 등이 마치 영화 속에 있는 듯한 착각을 불러 일으킨다. 또 갑자기 튀어나오는 소품들과 프로젝션 영상들은 마법학교에 와 있다는 실감을 더한다.

여기서 빼놓을 수 없는 즐거움은 입체 영상 기술과 음향 효과로 오감을 자극하는 놀이기구이다. 하지만 잠깐, 어린이를 동반한 가족은 먼저 놀이기구 입구에서 자녀의 키부터 재야 한다. 키에 따라 입장 여부가 결정되기 때문인데, 신발을 벗고 전용 발판에 올라서면 직원이 입장 여부를 즉석에서 판단해 준다. 애매하다 싶으면 양말을 벗고 다시 올라서라고 한다. 한국식의 '좀 봐주세요'는 절대 안 통한다. 일단 규칙을 정했으면 누구나 공평하게 지켜야 한다고 생각하는 미국인들의 준법 의식을 잘 보여 주는 한 장면이다. 바로 이런 것을 보고 마음으로 느끼는 것이 참 여행이 아닐까?

단어만 알아도 안심이 돼요.

실제 유니버설 스튜디오 체험 시 꼭 알아야 하는 건 아래 단어만으로도 충분해요. 정확하게 말할 수 있게 발음을 듣고 따라 해 보세요.

SINGLE WORDS

제한	limits / restrictions
(키 등을) 재다	measure
테마파크	theme park
표, 입장권	pass
놀이기구	ride
동반하다	accompany
망토	robe
마법 지팡이	magic wand
입어 보다	try (on)
(옷 등이) 맞다	fit

COMBO PHRASES

키와 나이 제한	height and age limits / restrictions
키를 재다	measure one's height
해리포터 테마파크	Harry Potter theme park
'프런트 오브 라인' 표 (우선 입장권)	the Front of Line pass
놀이기구를 타다	go on the rides[1]
부모 중 한 사람을 동반하다	be accompanied by a parent[2]
해리포터 망토	Harry Potter robe
해리포터 마법 지팡이	Harry Potter magic wand
엑스 스몰 사이즈를 입어 보다	try on x-small[3]
~에게 잘 맞다	fit someone well

1 '놀이기구를 타다'일 때는 take 대신 go on을 주로 씁니다.
2 accompany는 주로 be accompanied by처럼 수동태로 쓰여요.
3 X-small은 우리나라의 44 사이즈에 해당해요.

뼈대 문장 익히기

여행에 필요한 뼈대 문장을 익혀 보아요. 머릿속에서만 맴돌던 영어 문장이 입에서 터져 나와요.

뼈대 문장 1

Is there a height limit for the ride "Flight of the Hippogriff"?

'히포그리프의 비행' 타는 데 키 제한이 있나요?

놀이기구마다 키 제한이 있는 게 있고 없는 게 있어요. 애매할 때는 무조건 물어봐야죠. 그때 쓰기 좋은 표현입니다. 참고로 Hippogriff는 말 몸에 독수리 머리와 날개를 가진 괴물 이름이에요.

다음 단어를 넣어 문장을 쓰고 말해 보세요.

1 '해리포터와 금지된 여정' | "Harry Potter and the forbidden journey"

2 '트랜스포머' | "Transformers"

3 '스파이더맨의 놀라운 모험' | "The Amazing Adventures of Spider-Man"

4 '미라의 복수' | "Revenge of the Mummy"

뼈대 문장 2

What would be 39 inches in cm?

39인치가 센티미터로는 얼마예요?

미국과 우리나라는 통용 단위가 다르기 때문에 환산 작업이 필요합니다. 피트나 마일, 파운드로 말해 줄 때 우리가 쓰는 통용 단위로는 얼마인지 물어볼 때 아주 유용하게 쓸 수 있습니다.

1 2피트가 센티미터로는 | 2 feet in cm

2 10마일이 킬로미터로는 | 10 miles in km

3 3파운드가 킬로그램으로는 | 3 pounds in kg

4 2에이커가 제곱미터로는 | 2 acres in m² *

*m²는 square meters라고 읽습니다.

뼈대 문장 3

39 inches is equal to 99 cm.
39인치는 99센티미터와 같아요.

'A는 B와 같아요'라는 등식을 영어로 설명할 때 유용하게 쓸 수 있는 표현입니다.
〈A be동사 equal to B〉, 꼭 기억해 두세요.

1 1인치는 2.54센티미터 | 1 inch – 2.54 cm

2 1피트는 30.48센티미터 | 1 foot – 30.48 cm

3 1마일은 1.6킬로미터 | 1 mile – 1.6 km

4 1파운드는 0.453킬로그램 | 1 pound – 0.453 kg

*영어에서 소수점은 point라고 읽고 그 아래 숫자는 하나씩 따로 읽습니다. .

뼈대 문장 4

Hi, do you have Harry Potter robes here?
저기요, 여기 해리포터 망토 있어요?

똑 같은 문장을 친구에게 한다면 해리포터 망토의 유무가 궁금해서 묻는 것이고, 해리포터 테마파크 내 기념품점에서 이렇게 말한다면 해리포터 망토를 파는지 묻는 것입니다. 문장을 아는 것도 중요하지만 용법을 정확하게 아는 것 역시 중요합니다.

1 해리포터 마법 지팡이 | Harry Potter magic wands

2 해리포터 스카프 | Harry Potter scarves

3 해리포터 베개 | Harry Potter pillows

4 해리포터 휴대폰 케이스 | Harry Potter cell phone cases

뼈대 문장 5

Do you think x-small would fit me well?
엑스 스몰이 제게 잘 맞겠어요?

여기서 would는 will의 과거형이 아니에요. 추측을 나타낼 때 쓰는 것으로 과거와는 전혀 상관이 없답니다.
fit은 '~에게 맞다'의 뜻으로 뒤에 바로 목적어가 오는 동사임에 주의해 주세요.

1 스몰이 | small

2 라지가 | large

3 엑스 라지가 | x-large

4 슬림 사이즈가 | the slim size

뼈대 문장 6

How much are these?
이것들은 가격이 얼마예요?

가격을 물어볼 때 쓸 수 있는 표현들이 참 많지만 이것저것 다 외우기 힘들고 귀찮다면 요거 하나만 외워 둬도 괜찮아요. 가격을 알고 싶은 물품들의 개수가 여러 개면 be동사의 복수형을, 하나면 단수형을 써 주면 됩니다.

1 이건 | this

2 이 검정색 망토는 | this black robe

3 저 마법 지팡이는 | that magic wand

4 이 휴대폰 케이스들은 | these cell phone cases

UNIT 7 유니버설 스튜디오 할리우드에서 해리포터 체험하고 선물 사기

뼈대 문장 7

They are very pricy!
그것들은 너무 비싸네요!

어떤 것의 상태를 표현할 때 간단하게 〈be동사+형용사〉 형태를 활용할 수 있습니다.
참고로, pricy는 격식을 갖추지 않아도 되는 상황에서 '값비싼'의 의미로 쓰이는 단어입니다.

1 꽤 비싸네요 | fairly expensive

2 완전히 바가지네요 | a total* rip-off

3 아주 싸네요 | quite cheap

4 너무 구식이네요 | very old-fashioned

*total은 우리가 아는 '총, 다 합쳐서'의 뜻 외에 '완전한, 전면적인'의 의미도 있어요.

뼈대 문장 8

I will try both sizes then decide.
두 사이즈 다 입어 보고 결정할게요.

옷이나 신발류를 눈으로 보기만 하고 살 수는 없잖아요.
입어 보고 신어 보고서 살지 말지 결정해야 할 때 이렇게 표현하면 어렵지 않으면서도 아주 근사하게 들립니다.

1 엑스 스몰과 스몰 사이즈 둘 다 | both x-small and small size

2 미디엄과 라지 사이즈 둘 다 | both medium and large size

3 두 가지 색깔 다 | both colors

4 흰색과 검정색 둘 다 | both white and black

실전 회화

실제 해리포터 놀이기구 앞에서의 대화는 어떻게 이뤄질까요? 알아듣는 것도 중요하지만 특히 내가 말해야 하는 것에 주의해서 들어 보세요.

Dialog 1
해리포터 놀이기구 입구에서 아이가 롤러코스터를 탈 수 있는지 직원에게 물어보기

실례합니다. "히포그리프의 비행"을 타는 데 키 제한이 있나요?
Excuse me. Is there a height limit for the ride "Flight of the Hippogriff"?

직원: 네. 타려면 이용객들의 키가 39인치 이상은 돼야 해요.
STAFF: Yes. Guests must be taller than 39 inches to ride.

39인치가 몇 센티미터인가요?
What would be 39 inches in cm?

직원: 39인치는 99센티미터와 같아요.
STAFF: 39 inches is equal to 99 cm.

그렇군요.
I see.

직원: 따님 키를 재고 싶으시면, 놀이기구 입구에 나무 막대기가 있어요.
STAFF: If you would like to measure her height, there is a wooden stick at the entrance of the ride.

나무 막대기요?
A wooden stick?

직원: 네. 아이가 막대기보다 크면 놀이기구를 탈 수 있다는 말이에요.
STAFF: Yes. If a child is taller than the stick, that means they can go on the ride.

알겠습니다. 다른 제한들이 또 있나요?
Okay. Are there any other restrictions?

직원: 사실, 한 가지 더 있어요. 아이들은 누군가를 동반해야 해요.
STAFF: Actually, there is one more — children must be accompanied.

그거라면 괜찮아요. 고맙습니다.
That will not be a problem. Thank you.

would like to: ~하고 싶어 하다

Dialog 2 기념품 가게에서 해리포터 망토들을 입어 본 후 구매하기

저기요, 여기 해리포터 망토 있어요?
Hi, do you have Harry Potter robes here?

점원: 네, 있어요. 보여 드릴게요. 저 따라오세요.
CLERK: Yes, we do. Let me show you. Please follow me.

어떤 사이즈가 제게 맞을까요?
Which size would be good for me?

점원: 엑스 스몰이나 스몰이 손님께 잘 맞겠는데요. 제가 한번 가져와 볼게요.
CLERK: I think x-small or small would fit you well. Let me grab those for you.

고맙습니다. 이것들은 가격이 얼마예요?
Thanks. How much are these?

점원: 망토들은 모두 110달러예요.
CLERK: The robes are all $110.

와, 너무 비싼데요!
Wow! They are very pricy!

점원: 많은 분들이 그렇게 말씀하시긴 해요.
CLERK: Many people have said that.

알겠어요. 두 사이즈 다 입어 보고 나서 결정할게요.
Alright. I will try both sizes then decide.

점원: 네. 도움이 더 필요하시면 언제든지 불러 주세요.
CLERK: Okay. If you need more help, feel free to call me anytime.

정말 고맙습니다.
Thanks so much.

---

grab: 꽉 움켜잡다 (*여기서는 '움켜잡다'의 의미가 아니라 '(얼른 가서 옷들을) 잡아 들고 오다'의 뜻으로 쓰였습니다.)
Feel free to + 동사원형: 언제든지 (꺼리지 말고) ~하세요

실전 말하기 훈련

많이 말해 본 사람이 실전에도 강합니다. 뼈대 문장 훈련으로 워밍업이 됐다면 회화 속 실전 문장을 큰 소리로 말해 보세요.

"히포그리프의 비행"을 타는 데 키 제한이 있나요?
Is there a height limit for the ride "Flight of the Hippogriff"?

39인치가 몇 센티미터인가요?
What would be 39 inches in cm?

39인치는 99센티미터와 같아요.
39 inches is equal to 99 cm.

아이가 막대기보다 크면 놀이기구를 탈 수 있다는 말이에요.
If a child is taller than the stick, that means they can go on the ride.

다른 제한들이 또 있나요?
Are there any other restrictions?

아이들은 누군가를 동반해야 해요.
Children must be accompanied.

여기 해리포터 망토 있어요?
Do you have Harry Potter robes here?

어떤 사이즈가 제게 맞을까요?
Which size would be good for me?

이것들은 가격이 얼마예요?
How much are these?

너무 비싼데요!
They are very pricy!

두 사이즈 다 입어 보고 나서 결정할게요.
I will try both sizes then decide.

보고
바로 말하기

실제 상황에서는 우리말 문장과 동시에 영어가 떠올라야 해요. 우리말 문장을 보고 영어로 바로 말해 보세요.

- [ ] "히포그리프의 비행"을 타는 데 키 제한이 있나요?
- [ ] 39인치가 센티미터로는 얼마예요?
- [ ] 39인치는 99센티미터와 같아요.
- [ ] 여기 해리포터 망토 있어요?
- [ ] 엑스 스몰이 제게 잘 맞겠어요?
- [ ] 이것들은 가격이 얼마예요?

- [ ] 그것들은 너무 비싸네요!
- [ ] 두 사이즈 다 입어 보고 결정할게요.
- [ ] 다른 제한들이 또 있나요?
- [ ] 아이들은 누군가를 동반해야 해요.
- [ ] 어떤 사이즈가 제게 맞을까요?

- [ ] 제가 한번 가져와 볼게요.
- [ ] 많은 분들이 그렇게 말씀하시긴 해요.
- [ ] 도움이 더 필요하시면 언제든지 불러 주세요.

UNIT 8

유니버설 스튜디오 할리우드의 미니언 테마파크 즐기기

유니버설 스튜디오는 할리우드(Hollywood)의 유명 영화들을 소재로 다양한 체험 시설과 놀이기구, 그리고 스튜디오 투어 등을 제공한다. 미국에는 로스앤젤레스와 플로리다의 올랜도 두 곳에 있고, 그 밖에 싱가포르와 일본 오사카에도 진출해 있다. 4곳 모두 얼핏 비슷해 보이지만 조금씩 다른 개성이 돋보인다. 하지만 실제 로스앤젤레스 북부 할리우드 북쪽에 위치한 유니버설 스튜디오 할리우드가 왠지 원조의 느낌이 든다.

유니버설 스튜디오 할리우드를 돌아다니다 보면 어린이를 동반하지 않고 어른들끼리 즐기는 모습도 많이 눈에 띈다. 특수 효과를 재현하거나 스턴트맨들이 영화 장면을 실감나게 연기하는 어트랙션과 트램(Tram)이라는 작은 꼬마 열차를 타고 할리우드 영화와 TV 촬영이 이루어졌던 스튜디오 및 세트를 돌아보는 스튜디오 투어(Studio Tour)가 어른들의 감성을 한껏 자극한다.

한편, 어린이들에게 가장 핫(hot)한 곳은 영화 '슈퍼 배드'(Despicable Me) 시리즈에 등장하는 미니언 캐릭터들을 소재로 한 미니언 테마파크이다. 한국과 달리 북미에서는 미니언 캐릭터의 인기가 엄청나다. 그래서 그런지 미니언 캐릭터들과 사진을 찍으려는 사람들로 긴 줄이 늘어서 있고, 미니언 선물 가게들은 늘 붐빈다. 그런데 물건을 사는 데만 정신 팔지 말고, 기발한 발상의 제품 아이디어에 초점을 맞춰서 한번 구경해 보라. 그럼 아마 여러분의 상상력이 무럭무럭 자라는 느낌이 들 거다. 바로 이런 작은 관점이 '관광'(sightseeing)과 '여행'(travel)의 차이를 만든다.

단어만 알아도 안심이 돼요.

실제 유니버설 스튜디오 할리우드 미니언 테마파크 체험 시 꼭 알아야 하는 건 아래 단어만으로도 충분해요. 정확하게 말할 수 있게 발음을 듣고 따라 해 보세요.

SINGLE WORDS

세계적으로 유명한	world-famous
줄을 서다	line up
사진	photo / picture
사진사	photographer
교환권, 보관증	claim ticket
인쇄하다, 인화하다	print
기념품	souvenir
선물	gift
수집품	collectibles
미니언 모양의	Minion-shaped

COMBO PHRASES

세계적으로 유명한 스튜디오 투어	the world-famous Studio Tour
줄 서서 기다리다	line up and wait
미니언 캐릭터와 사진 찍다	take a photo / picture with a Minion character
직업 사진사	professional photographer
사진 교환권	photo claim ticket
사진을 인화하다	print one's photos
기념품 가게	souvenir shop
선물을 포장하다	wrap the gift
미니언 수집품	Minion collectibles[1]
미니언 모양의 유에스비	Minion-shaped USB drive

1 collectible은 '수집할 만한 가치가 있는 것'의 의미를 담고 있습니다.

뼈대 문장 익히기

여행에 필요한 뼈대 문장을 익혀 보아요. 머릿속에서만 맴돌던 영어 문장이 입에서 터져 나와요.

뼈대 문장 1

Can I take a photo with that Minion over there?
저기 있는 저 미니언과 사진 찍어도 돼요?

테마파크 외에 미술관이나 박물관 등에서도 사진을 찍기 전에 허락을 맡으러 물어볼 수 있는 표현입니다. 특히 미국처럼 초상권 등이 철저한 나라에서라면 반드시 숙지해야 하는 거죠.

다음 단어를 넣어 문장을 쓰고 말해 보세요.

1 저 미니언 스튜어트와 | that Stuart Minion

2 저 그루 캐릭터와 | that Gru character

3 저기 있는 저 미니언 밥과 | that Bob Minion over there

4 저기 있는 저 미니언 케빈과 | that Kevin Minion over there

뼈대 문장 2

Will you please take photos for me?
제 사진 좀 찍어 주실래요?

요즘은 셀카봉이 보급되어 이렇게 부탁할 일이 많지는 않지만, 그래도 사람이 직접 찍어 줘야 멋진 사진이 나올 것 같을 때, 혹은 셀카봉이 없을 때는 이렇게 부탁하면 됩니다. Will 대신 Would를 쓰면 더욱 정중한 느낌을 줄 수 있어요.

1 우리 사진 | for us

2. 우리 가족 사진 | for my family

3 제 폰으로 | with my phone

4 제 태블릿 PC로 | with my tablet

UNIT 8 유니버설 스튜디오 할리우드의 미니언 테마파크 즐기기

뼈대 문장 3

I will line up over there.
저기서 줄을 설 거예요.

over there는 손으로 뻗어서 가리키는 곳을 언급할 때 씁니다. 눈으로 보이는, 멀지 않은 거리를 나타내죠.

1. 입구에서 | at the entrance
2. 놀이기구 입구에서 | at the entrance to* the ride
3. (줄을 서서) 기다릴 거예요 | and wait
4. (줄을 서서) 우리 차례를 기다릴 거예요 | and wait for our turn

*'~ 입구'는 entrance to ~로 표현합니다.

뼈대 문장 4

What do I do with that ticket?
그 표를 가지고 어떻게 하는 건데요?

테마파크에서는 표를 검표원이 확인했다고 그냥 버리면 안 됩니다. 다시 표를 확인할 수도 있고 그 표로 뭔가를 교환할 수도 있기 때문에 가지고 있어야 하는 경우가 많아요. 표를 가지고 뭘 해야 하는지 궁금할 때 이렇게 물어볼 수 있습니다.

1. 사진 교환권을 가지고 | the photo claim ticket
2. 프론트 오브 라인 표(*급행표)를 가지고 | the Front of Line pass
3. 쿠폰북을 가지고 | the coupon book
4. 판촉용 할인 코드를 가지고 | the promo* code

*promo는 '판촉용의, 홍보용의'의 뜻으로 비격식체 문장에서 주로 쓰입니다.

뼈대 문장 5

I am trying to buy a souvenir for my sister.
언니한테 줄 기념품을 사려고요.

buy는 '~을 사다'와 '~에게 ~을 사 주다'의 뜻이 있습니다.
'~에게 사 주다'의 뜻일 때는 〈buy+물품+for 물품을 받는 대상〉으로 표현을 하지요.

1 아빠한테 드릴 | my father　　　□ □ □

2 할머니께 드릴 | my grandmother　　　□ □ □

3 부모님께 드릴 | my parents　　　□ □ □

4 친구들한테 줄 | my friends　　　□ □ □

뼈대 문장 6

She likes something practical.
그녀는 실용적인 걸 좋아해요.

영어의 something은 조금 특별합니다. 꾸며 주는 말이 앞에 오는 다른 단어와 달리 이 something은 꾸며 주는 단어가 앞이 아니라 뒤에 오기 때문입니다. something 외에 anything, nothing이 그런 성질을 공유하고 있답니다.

1 단순한 | simple　　　□ □ □

2 평범한 | plain*　　　□ □ □

3 특이한 | unique　　　□ □ □

4 기억에 남을 만한 | memorable　　　□ □ □

*plain은 '꾸밈이 없고 소박한, 간소한'의 의미를 가지고 있어요.

뼈대 문장 7

Key chains will not be good choices.
열쇠 고리는 좋은 선택이 아닐 텐데요.

여기서는 will의 쓰임에 주의해 주세요. will은 '~일 것이다'라는 '미래'의 뜻이 아니라 말하는 사람의 추측을 나타내고 있습니다. 그렇죠, 기념품으로 이제 열쇠 고리는 그다지 환영 받는 물품이 아니니까요.

1 티셔츠는 | T-shirts ☐ ☐ ☐

2 패션 양말은 | Fashion socks ☐ ☐ ☐

3 배낭은 | Backpacks ☐ ☐ ☐

4 쿠션이나 베개는 | Cushions or pillows ☐ ☐ ☐

뼈대 문장 8

How about a USB drive?
유에스비는 어때요?

How about ~?은 상대방의 의사가 어떤지 알아보면서 제안할 때 쓸 수 있어요. How 대신 What을 써도 같은 의미랍니다. 그리고 USB라고 말하지만 회화나 작문에서 쓸 때는 반드시 USB drive라고 써야 하는 것, 꼭 기억하세요.

1 냉장고 자석은 | a fridge magnet ☐ ☐ ☐

2 양초 세트는 | a candle set ☐ ☐ ☐

3 휴대용 머그잔은 | a travel* mug ☐ ☐ ☐

4 스마트폰 보호대는 | a smartphone cover ☐ ☐ ☐

*travel은 '여행하다' 외에 '이동, 출장'의 의미도 있으므로 travel mug는 '휴대용 머그잔'입니다.

실전 회화

실제 미니언 캐릭터와 사진을 찍을 때 대화는 어떻게 이뤄질까요? 알아듣는 것도 중요하지만 특히 내가 말해야 하는 것에 주의해서 들어 보세요.

Dialog 1 미니언 캐릭터와 사진 찍으러 줄을 서면서 직원이랑 대화 나누기

저기 있는 저 미니언과 사진 찍어도 돼요?
Can I take a photo with that minion over there?

직원: 그럼요. 저기 줄을 서시면 돼요.
STAFF: Sure. You can line up over there.

네, 줄을 설게요.
Okay. I will line up.

직원: 카메라로 찍을 준비가 됐는지 확인들 하시고요!
STAFF: Make sure you get your cameras ready!

제 사진 좀 찍어 주실래요?
Will you please take photos for me?

직원: 그러죠. 그리고 또 직업 사진사가 사진을 찍어 주기도 해요.
STAFF: Certainly. Also, there will be a professional photographer taking photos for you.

그래요? 어떻게 하면 되는 거죠?
Oh? How does it work?

직원: 사진사가 사진을 찍고 나면 사진 교환권을 줄 거예요.
STAFF: After the photographer takes photos, he will give you the photo claim ticket.

그 표를 가지고 어떻게 하는 건데요?
What do I do with that ticket?

직원: 인터넷에 접속해서 표 위에 있는 번호들을 쳐 넣으세요. 사진이 마음에 드시면 결제를 하고 나서 사진을 다운받거나 인화하면 돼요.
STAFF: You can go online and punch in the numbers on the ticket. If you like your photos, you can pay to download or print.

알겠어요. 감사합니다!
Got it. Thanks!

Make sure ~: ~을 확실히 하세요. **get A ready:** A를 준비시키다
work: 작용하다, 작동하다, 운용되다 **punch in:** (컴퓨터 자판 등을 쳐서) 입력하다 **get it:** 이해하다

Dialog 2 기념품 가게에서 지인에게 선물할 미니언 모양의 유에스비 구입하기

점원: 안녕하세요. 혹시 찾는 게 있으세요?
CLERK: Hello. Is there anything that you are looking for?

여자 형제한테 줄 기념품을 사려고요.
I am trying to buy a souvenir for my sister.

점원: 그러시군요. 혹시 언니인가요?
CLERK: I see. Is she an older sister?

네. 우리 언니는 실용적인 걸 좋아해요.
Yes, she is. She likes something practical.

점원: 알겠습니다. 그럼 열쇠 고리나 인형은 좋은 선택이 아닐 것 같네요.
CLERK: Okay. So key chains or dolls will not be good choices.

맞아요.
I agree.

점원: 유에스비는 어때요? 미니언 모양으로 생긴 유에스비들이 있는데요.
CLERK: How about a USB drive? We have Minion-shaped USBs.

그거 괜찮겠는데요.
That sounds good.

점원: 여기 있는 유에스비들은 모두 8기가짜리예요. 그리고 맘에 드시는 캐릭터들을 고를 수도 있고요.
CLERK: They are all 8GB USBs and you can choose characters that you like.

이거면 멋진 선물이 되겠는데요. 고마워요.
This will be an awesome gift. Thanks.

실전 말하기 훈련

많이 말해 본 사람이 실전에도 강합니다. 뼈대 문장 훈련으로 워밍업이 됐다면 회화 속 실전 문장을 큰 소리로 말해 보세요.

저기 있는 저 미니언과 사진 찍어도 돼요?
Can I take a photo with that minion over there?

줄을 설게요.
I will line up.

제 사진 좀 찍어 주실래요?
Will you please take photos for me?

어떻게 하면 되는 거죠?
How does it work?

그 표를 가지고 어떻게 하는 건데요?
What do I do with that ticket?

여자 형제에게 줄 기념품을 사려고요.
I am trying to buy a souvenir for my sister.

우리 언니는 실용적인 걸 좋아해요.
She likes something practical.

그럼 열쇠 고리나 인형은 좋은 선택이 아닐 것 같네요.
So key chains or dolls will not be good choices.

유에스비는 어때요? 미니언 모양으로 생긴 유에스비들이 있는데요.
How about a USB drive? We have Minion-shaped USBs.

그거 괜찮겠는데요.
That sounds good.

이거면 멋진 선물이 되겠는데요. 고마워요.
This will be an awesome gift. Thanks.

UNIT 8 유니버설 스튜디오 할리우드의 미니언 테마파크 즐기기

보고
바로 말하기

실제 상황에서는 우리말 문장과 동시에 영어가 떠올라야 해요. 우리말 문장을 보고 영어로 바로 말해 보세요.

☐ 저기 있는 저 미니언과 사진 찍어도 돼요?

☐ 제 사진 좀 찍어 주실래요?

☐ 저기서 줄을 설 거예요.

☐ 그 표를 가지고 어떻게 하는 건데요?

☐ 언니한테 줄 기념품을 사려고요.

☐ 그녀는 실용적인 걸 좋아해요.

☐ 열쇠 고리는 좋은 선택이 아닐 텐데요.

☐ 유에스비는 어때요?

☐ 카메라로 찍을 준비가 됐는지 확인들 하시고요!

☐ 사진사가 사진을 찍고 나면 사진 교환권을 줄 거예요.

☐ 인터넷에 접속해서 표 위에 있는 번호들을 쳐 넣으세요.

☐ 사진이 마음에 드시면 결제를 하고 나서 사진을 다운받거나 인화하면 돼요.

UNIT 9

소문난 '인앤아웃 버거'에서 햄버거 주문하고 맛보기

미국 서부를 여행하면 꼭 한번 맛보아야 할 음식이 있다. 바로 미국에서 최고의 버거 중 하나로 꼽히는 인앤아웃 버거(In-N-Out Burger)이다. 인앤아웃 버거의 성공 비결은 얼리지 않은 생고기로 만든 패티와 주문을 받고 즉석에서 생감자를 썰어 만드는 감자 튀김에 있다. 주방 안이 훤히 들여다보이는 오픈 구조로 돼 있어 고객들이 모든 조리 과정을 직접 볼 수 있다. 그리고 버거의 종류도 딱 세 가지, 햄버거, 치즈버거, 더블더블밖에 없다. 맛이 느끼하지 않고 정말 담백하다.

인앤아웃 버거는 LA가 속한 캘리포니아와 라스베이거스가 속한 네바다 등 미국 서부의 몇몇 주들에만 매장을 두고 있다. 해외 매장은 한 군데도 없다. 미국 서부에서는 이미 그 인기가 맥도날드나 버거킹을 앞선지 오래다. 영화배우이자 힐튼 호텔의 상속녀인 패리스 힐튼이 음주 운전 혐의로 체포되었을 때 인앤아웃 버거를 사 먹으러 가는 길이었다고 말해 화제가 된 바 있다.

라스베이거스에는 인앤아웃 버거 매장들이 여러 개 있는데 어디를 가나 많은 사람들로 북적댄다. 줄을 서지 않고는 여간해서 먹을 수 없다. 하지만 한 번 인앤아웃 버거를 맛본 사람은 분명 라스베이거스 여행에 대한 이야깃거리가 하나 더 생기게 될 것이다.

단어만 알아도 안심이 돼요.

인앤아웃 버거에서 햄버거를 주문할 때 알아두면 좋은 건 아래 단어만으로도 충분해요. 정확하게 말할 수 있게 발음을 듣고 따라 해 보세요.

SINGLE WORDS

재료	ingredients
(오븐에) 구운	baked
(그릴에) 구운	grilled
지글지글 구워지는	sizzling
(치즈 따위를) 녹인	melted
아삭아삭한	crisp
비밀의, 비법의	secret
(소금 따위를) 뿌리다	sprinkle
(가격이) 적당한	affordable
직불카드	debit card

COMBO PHRASES

신선한 재료	fresh ingredients
갓 구운 햄버거 빵	a freshly baked bun
생 양파나 구운 양파 중 선택	the choice of raw or grilled onions
그릴에 지글지글 구워지는 햄버거 패티들	patties sizzling on the grill
녹인 치즈	melted cheese
아삭아삭한 양상추	crisp lettuce
스프레드라고 하는 인앤아웃 비법 소스	In-N-Out's secret sauce called spread
소금을 약간 뿌리다	sprinkle a little salt
적당한 가격	affordable price
직불카드로 지불하다	pay with debit card

뼈대 문장 익히기

여행에 필요한 뼈대 문장을 익혀 보아요. 머릿속에서만 맴돌던 영어 문장이 입에서 터져 나와요.

뼈대 문장 1

Can I get a Double-Double burger and coffee, please?
더블더블 버거 하나랑 커피 주실래요?

get의 기본 뜻은 '얻다'예요. 상점이나 패스트푸드점, 식당에서 Can I get ~?이라고 하면 '~를 사겠어요 (그러니까 주세요.)'의 뜻이 됩니다.

다음 단어를 넣어 문장을 쓰고 말해 보세요.

1 햄버거 하나랑 콜라 하나 | a hamburger and a coke

2 치즈버거 하나랑 아이스티 하나 | a cheeseburger and an iced tea

3 치즈버거 두 개랑 닥터 페퍼 하나 | two cheeseburgers and one Dr. Pepper

4 애니멀 스타일 버거랑 감자 튀김 | an Animal Style burger* with French fries

*애니멀 스타일은 햄버거에 구운 양파를 추가로 얹어 주는 것이에요.

뼈대 문장 2

Could you cut the Double-Double in half please?
더블더블 버거를 반으로 잘라 주실래요?

둘이서 나눠 먹을 수 있게 반으로 잘라 줬으면 할 때 유용하게 활용할 수 있어요. cut ~ in half(~를 반으로 자르다)를 활용해 위의 문장처럼 말하면 됩니다.

1 둘로 | two

2 두 조각으로 | two pieces

3 네 조각으로 | four pieces

4 4분의 1로 | quarters

뼈대 문장 3

Does it have any pickles on it?
거기 피클이 들어가나요?

자신이 싫어하거나 혹은 좋아하는 내용물이 들어가는지 확인하고 싶을 때 쓸 수 있습니다.

1 양파가 | onions

2 양상추가 | lettuce

3 양배추가 | cabbage

4 오이가 | cucumber

뼈대 문장 4

Can I get that without lettuce?
양상추를 빼고 주실래요?

자신의 취향대로 먹기 위해 꼭 알아둬야 할 표현입니다.
알레르기가 있어서 먹을 수 없거나 싫어하는 것들을 빼고 자신만의 햄버거를 즐기세요.

1 칠리 고추를 | chili peppers

2 신선한 양파를 | fresh onions

3 구운 양파를 | grilled onions

4 치즈를 | cheese

뼈대 문장 5

What ingredients do you use in your hamburger?
햄버거 재료로 뭘 사용하세요?

음식은 맛도 중요하지만 어떤 재료를 쓰는가도 중요합니다. 내 입으로 들어갈 건데 어떤 재료를 사용하는지 물어보는 건 당연한 권리예요. 당당하게 위의 문장을 써서 물어보세요.

1 치즈버거 | cheeseburger ☐ ☐ ☐

2 애니멀 스타일 버거 | Animal Style burger ☐ ☐ ☐

3 프로틴 스타일 버거 | Protein Style burger* ☐ ☐ ☐

4 스프레드 소스 | spread ☐ ☐ ☐

*프로틴 스타일 버거는 햄버거 빵 대신 양상추가 얹어진 버거예요.

뼈대 문장 6

Can I have a coffee instead of Dr. Pepper?
닥터 페퍼 대신 커피로 주실래요?

보통 햄버거를 세트로 시키면 매장에서 지정한 음료가 나옵니다. 하지만 그 음료가 마음에 안 들어서 다른 음료로 대체해 달라고 말해야 할 경우도 있어요. 그럴 때 쓸 수 있는 표현입니다. instead of ~는 '~ 대신에'의 뜻이에요.

1 레모네이드 | lemonade ☐ ☐ ☐

2 아이스티 | iced tea ☐ ☐ ☐

3 딸기 셰이크 | strawberry shake ☐ ☐ ☐

4 초콜릿 셰이크 | chocolate shake ☐ ☐ ☐

UNIT 9 소문난 '인앤아웃 버거'에서 햄버거 주문하고 맛보기

뼈대 문장 7

Is the coffee refillable?
커피 리필되나요?

우리나라에서는 커피나 탄산음료는 당연히 리필해 주는 거라고 생각하지만, 외국에서는 그렇지 않습니다. 돈을 받는 곳도 있고, 리필을 해 주는 곳도 있지요. 그래서 리필이 가능한지 먼저 물어봐야 합니다. refillable은 '리필이 가능한'의 뜻입니다.

1 콜라 | the coke ☐ ☐ ☐

2 아이스티 | the iced tea ☐ ☐ ☐

3 레모네이드 | the lemonade ☐ ☐ ☐

4 루트 비어 | the root beer* ☐ ☐ ☐

*루트 비어는 생강과의 식물 뿌리로 만든 탄산음료예요.

뼈대 문장 8

May I have BBQ sauce, please?
비비큐 소스 좀 주실래요?

뭔가 필요한 게 있으면 이렇게 달라고 요청하시면 됩니다. Can보다 May를 쓰면 좀 더 정중한 느낌을 줍니다.

1 스위트 앤 사우어 소스 | sweet and sour sauce ☐ ☐ ☐

2 허니 머스타드 소스 | honey mustard ☐ ☐ ☐

3 빨대 | a straw ☐ ☐ ☐

4 냅킨 여분 | some extra* napkins ☐ ☐ ☐

*extra는 '여분의'라는 뜻이에요.

실전 회화

실제 인앤아웃 버거에서 주문할 때 하는 대화는 어떻게 이뤄질까요? 알아듣는 것도 중요하지만 특히 내가 말해야 하는 것에 주의해서 들어 보세요.

Dialog 1 인앤아웃 버거에 들러 카운터에서 더블더블 버거와 커피 주문하기

매장 직원: 안녕하세요. 주문하시겠어요?
STAFF: Hello. May I have your order?

안녕하세요. 더블더블 버거 하나랑 커피 주실래요?
Hi. Could I get a Double-Double burger and coffee, please?

매장 직원: 네, 커피에 크림이나 설탕을 넣으실 건가요?
STAFF: Sure. Do you want cream or sugar in your coffee?

네, 크림 하나에 설탕 두 스푼 넣어 주세요.
Yes. One cream and two sugars, please.

매장 직원: 알겠습니다. 또 필요한 건 없으세요?
STAFF: Okay. Anything else for you today?

참, 버거에 피클은 빼 주세요.
Oh, no pickles on the burger please.

매장 직원: 알겠습니다. 가격은 7달러입니다. 현금이세요, 카드세요?
STAFF: For sure. That will be 7 dollars. Cash or credit?

현금으로 할게요. 아, 하나만 더 물어볼게요. 커피 리필되나요?
Cash please. Oh, one more question. Is the coffee refillable?

매장 직원: 아쉽게도 안 됩니다. 죄송합니다!
STAFF: Unfortunately, it's not. Sorry!

Dialog 2 치즈버거와 감자튀김, 셰이크 등을 테이크아웃으로 주문하기

매장 직원: 안녕하세요. 뭘 도와드릴까요?
STAFF: Good afternoon. How may I help you?

치즈버거 4개, 감자튀김 2개, 딸기 셰이크 2개 주실래요?
Could I have 4 cheeseburgers, 2 French fries and 2 strawberry shakes, please?

매장 직원: 네. 여기서 드세요, 가지고 가세요?
STAFF: Sure. Is it for here or to go?

가지고 갈 거예요.
To go, please.

매장 직원: 알겠습니다. 다른 건요?
STAFF: Sure. Anything else?

치즈버거 한 개는 토마토 넣지 마세요.
For one of the cheeseburgers, no tomatoes.

매장 직원: 알겠습니다.
STAFF: Okay.

참, 버거들을 반으로 잘라 주실래요?
Oh, and could you cut the burgers in half please?

매장 직원: 그러죠! 가격은 25달러 75센트입니다. 현금이세요, 직불카드, 아님 신용카드세요?
STAFF: Absolutely! That'll be 25 dollars and 75 cents please. Cash, debit or credit?

신용카드로 할게요.
Credit please.

For here or to go?: (식당 등에서) 드시고 가세요, 가지고 가세요?

많이 말해 본 사람이 실전에도 강합니다. 뼈대 문장 훈련으로 워밍업이 됐다면 회화 속 실전 문장을 큰 소리로 말해 보세요.

더블더블 버거 하나랑 커피 주실래요?
Could I get a Double-Double burger and coffee, please?

크림 하나에 설탕 두 스푼 넣어 주세요.
One cream and two sugars, please.

버거에 피클은 빼 주세요.
No pickles on the burger please.

현금으로 할게요.
Cash please.

하나만 더 물어볼게요. 커피 리필되나요?
One more question. Is the coffee refillable?

치즈버거 4개, 감자튀김 2개, 딸기 셰이크 2개 주실래요?
Could I have 4 cheeseburgers, 2 French fries and 2 strawberry shakes, please?

가지고 갈 거예요.
To go, please.

치즈버거 한 개는 토마토 넣지 마세요.
For one of the cheeseburgers, no tomatoes.

버거들을 반으로 잘라 주실래요?
Could you cut the burgers in half please?

신용카드로 할게요.
Credit please.

UNIT 9 소문난 '인앤아웃 버거'에서 햄버거 주문하고 맛보기

보고
바로 말하기

실제 상황에서는 우리말 문장과 동시에 영어가 떠올라야 해요. 우리말 문장을 보고 영어로 바로 말해 보세요.

- ☐ 더블더블 버거 하나랑 커피 주실래요?
- ☐ 더블더블 버거를 반으로 잘라 주실래요?
- ☐ 거기 피클이 들어가나요?
- ☐ 양상추를 빼고 주실래요?

- ☐ 햄버거 재료로 뭘 사용하세요?
- ☐ 닥터 페퍼 대신 커피로 주실래요?
- ☐ 커피 리필되나요?
- ☐ 비비큐 소스 좀 주실래요?
- ☐ 주문하시겠어요?
- ☐ 커피에 크림이나 설탕을 넣으실 건가요?

- ☐ 또 필요한 건 없으세요?
- ☐ 여기서 드세요, 가지고 가세요?
- ☐ 현금이세요, 카드세요?

UNIT 10

LA 디즈니랜드에서 길 묻고 미키 쇼에 대해 물어보기

유니버설 스튜디오 할리우드에서 자동차로 1시간쯤 가면 '로스앤젤레스 에인젤스' 프로 야구팀의 연고지이기도 한 애너하임이란 곳에 '꿈과 상상의 나라' 디즈니랜드가 나타난다. 디즈니랜드는 어린이들만을 위한 공간이 아니다. 어른들의 '마음 속 동심' 역시 한껏 자극한다. 연간 1천만 명이 넘는 입장객들 중 70%가 성인이라는 통계가 이를 생생히 보여 준다.

디즈니랜드는 고객들에게 꿈과 감동을 선사하기 위해 끊임없이 신선하고도 새로운 스토리를 만들어 낸다. 이를 위해 디즈니랜드는 '이매지니어링 팀'이라는 프로젝트 조직을 운영한다. 여기서 이매지니어링(Imagineering)은 Imagination(상상력)과 Engineering(엔지니어링)의 합성어로, 이 팀의 구성원은 이매지니어(Imagineer: 상상하고 실천하는 사람)라고 불린다. 이러한 발상과 실행 자체가 정말 대단하지 않은가? 이매지니어링에 초점을 맞춰 디즈니랜드를 한번 구경해 보라. 그러면 스스로 많은 것을 느끼고 배우게 될 것이다.

이런 디즈니랜드 하면 먼저 떠오르는 것이 바로 미키 마우스이다. 어린이들이 가장 열광하는 판타지랜드(Fantasyland)에 입성하면 미키 마우스를 소재로 한 다양한 쇼와 어트랙션 그리고 퍼레이드 등을 구경할 수 있다. 그런데 판타지랜드가 워낙 넓다 보니 안내 지도를 손에 들고도 원하는 쇼나 체험 시설, 놀이기구를 찾아가는 일이 만만치 않다. 이때는 머리로 생각만 하지 말고 지나가는 사람에게 다가가 입을 열어 말해 보라. Where am I now?, How can I get to the Fantasyland Theater? ……

단어만 알아도 안심이 돼요.

디즈니랜드에서 돌아다닐 때 알아두면 좋은 건 아래 단어만으로도 충분해요. 정확하게 말할 수 있게 발음을 듣고 따라 해 보세요.

SINGLE WORDS

놀이공원	amusement park
체험 시설	attraction
입구	entrance
안내 표지판	directory
길 안내	directions
이정표	signpost
~를 가리키다	point to
똑바로 가다	go straight
좌회전하다	turn left
오른편	one's right side

COMBO PHRASES

로스앤젤레스의 놀이공원들	amusement parks in L.A.
놀이기구와 체험 시설들	rides and attractions
디즈니랜드 입구에서	at the entrance to Disneyland
디즈니랜드 놀이기구와 체험 시설 안내 표지판	directory of Disney rides and attractions
길을 가르쳐 주다	give directions
이정표를 찾다	look for a signpost
"마녀의 성"을 가리키다	point to "Witch's Castle"
계속 똑바로 가다	keep going straight
연못이 보이면 좌회전하다	turn left when you see a pond
오른편에 있다	be on one's right side

뼈대 문장 익히기

여행에 필요한 뼈대 문장을 익혀 보아요. 머릿속에서만 맴돌던 영어 문장이 입에서 터져 나와요.

뼈대 문장 1

Could you give me some directions, please?
가는 길 좀 알려 주실래요?

direction은 '방향'이라는 기본 뜻 외에 '길 안내'의 뜻도 있어요. 그래서 give someone directions 하면 '~에게 길 안내를 해 주다'의 뜻이 됩니다. '주다'의 give 동사를 활용해 자신에게 필요한 것을 달라고 상대방에게 요청할 수가 있습니다.

다음 단어를 넣어 문장을 쓰고 말해 보세요.

1 조언을 좀 | some tips

2 제안을 좀 | some suggestions

3 정보 좀 더 | more information

4 좀 더 자세히 | more details*

*detail은 '세부사항'의 뜻으로 give more details는 '자세히 알려주다'의 의미예요.

뼈대 문장 2

How can I get there?
거기에 어떻게 가죠?

목적지로 가는 방법을 물을 때 가장 많이 쓰는 표현이에요. 원래는 get to가 '~에 도착하다'의 뜻인데 there는 그 자체로 안에 to의 의미를 가지고 있는 단어라서 get to there가 아니라 get there라고 씁니다. there 외에 here도 get here라고 표현해요.

1 여기서 거기에 | there from here

2 미키의 툰 타운에서 거기에 | there from Mickey's Toontown

3 투모로우랜드에 | to Tomorrowland

4 어드벤처랜드에 | to Adventureland

뼈대 문장 3

Keep going straight from here.
여기서 계속 똑바로 가세요.

keep은 '(어떤 상태를) 계속 유지하다'의 기본 뜻이 있어요. 그래서 〈keep+동사-ing〉가 되면 '(어떤 행동을) 계속 하다'의 뜻이 됩니다.

1 뉴올리언스 광장에서 | New Orleans Square □ □ □

2 미니의 집에서 | Minnie's House □ □ □

3 구피의 뜀뛰기 집에서 | Goofy's Bounce House □ □ □

4 도날드의 보트에서 | Donald's Boat □ □ □

*Minnie, Goofy, Donald는 모두 디즈니 만화 캐릭터 이름들이에요.

뼈대 문장 4

Turn left when you see a big pond on your left side.
왼쪽에 커다란 연못이 보이면 좌회전하세요.

길을 물을 때는 상대방이 하는 말을 알아듣는 것도 굉장히 중요합니다. 기본적으로 '직진하다(go straight), 우회전하다(turn right), 좌회전하다(turn left)' 정도는 알고 있으면 편해요.

1 노란색 이정표가 | a yellow signpost □ □ □

2 붉은 벽돌로 된 식당이 | a redbrick restaurant □ □ □

3 맥도날드가 | the McDonald's □ □ □

4 스타벅스가 | the Starbucks □ □ □

뼈대 문장 5

How long is the show?
쇼 공연 시간이 얼마나 되나요?

〈How+형용사+동사+주어 ~?〉의 구조로 상태나 시간, 길이, 넓이, 수량 등을 물어볼 수 있어요.
How long은 '얼마나 긴'의 뜻으로 주로 소요 시간을 물을 때 씁니다.

1 퍼레이드 공연 시간이 | the parade ☐ ☐ ☐

2 오후 8시 쇼 공연 시간이 | the 8 p.m. show ☐ ☐ ☐

3 "페인트 더 나이트" 퍼레이드 공연 시간이 | the "Paint the Night" parade ☐ ☐ ☐

4 "디즈니랜드 포에버" 불꽃놀이 쇼 공연 시간이 | the "Disneyland Forever" fireworks* show ☐ ☐ ☐

*firework: 불꽃놀이

뼈대 문장 6

"Mickey and the Magical Map" show is about 22 minutes long.
"미키와 마법 지도" 쇼 공연 시간은 약 22분이에요.

우리나라 사람들이 영어로 표현할 때 실수하는 부분이 '○○ 공연 시간은 30분이에요'라고 할 때 '○○ show is 30 minutes.'라고만 한다는 거죠. 이렇게 하면 ○○쇼 제목이 30 minutes란 의미가 돼요. 반드시 뒤에 long을 붙여 줘야만 걸리는 시간을 말하는 것임을 나타낼 수 있어요.

1 정확히 22분 | exactly 22 minutes ☐ ☐ ☐

2 30분 | 30 minutes ☐ ☐ ☐

3 반 시간 | half an hour ☐ ☐ ☐

4 20분 이상 | over 20 minutes ☐ ☐ ☐

뼈대 문장 7

That sounds fun.
그거 재미있겠는데요.

sound는 '소리'라는 뜻도 있고, '~하게 들리다'의 뜻도 있어요. 그래서 sound 뒤에 상태에 관한 형용사를 써 주면 '들어보니 ~인 것 같다'를 표현할 수 있습니다.

1 괜찮겠는데요 | great ☐ ☐ ☐

2 별로겠는데요 | bad ☐ ☐ ☐

3 아주 멋지겠는데요 | terrific ☐ ☐ ☐

4 기가 막히겠는데요 | awesome ☐ ☐ ☐

뼈대 문장 8

The next show will be at 3:15, right?
다음 번 쇼가 3시 15분 맞죠?

문장을 말하고 나서 끝에 right?이라고 붙여 주면 '내가 한 말이 맞죠?'라는 의미를 더할 수 있어요.

1 다음 번 퍼레이드가 | The next parade ☐ ☐ ☐

2 다음 번 공연이 | The next performance ☐ ☐ ☐

3 다음 번 탑승이 | The next ride ☐ ☐ ☐

4 "판타스믹!" 쇼가 | "Fantasmic!" show ☐ ☐ ☐

실전 회화

실제 디즈니랜드를 돌아다닐 때 하는 대화는 어떻게 이뤄질까요? 알아듣는 것도 중요하지만 특히 내가 말해야 하는 것에 주의해서 들어 보세요.

Dialog 1 디즈니랜드에 입장하여 직원에게 판타지랜드로 가는 길 묻기

길 좀 알려 주실래요?
Could you give me some directions, please?

직원: 어디로 가시는데요?
CAST: Where do you want to go?

판타지랜드 극장이요.
To Fantasyland Theater.

직원: 실은 손님께서는 극장에서 그리 멀지 않은 곳에 계세요.
CAST: You are actually not that far away from the theater.

거기 어떻게 가면 되는데요?
How can I get there?

직원: 지금 서 계신 곳이 미키의 툰타운이에요.
CAST: Right now, you are at Mickey's Toontown.

그렇군요.
OK.

직원: 여기서 계속 똑바로 가다가, 왼쪽에 커다란 연못이 보이면 좌회전하세요.
CAST: Keep going straight from here, and turn left when you see a big pond on your left side.

그럼 극장이 보이나요?
Will I see the theater then?

직원: 네. 오른쪽에 극장이 있을 거예요.
CAST: Yes. The theater will be on your right side.

정말 감사합니다.
Thank you so much.

---

that far away from ~: ~에서 그렇게 멀리 떨어져 있는

Dialog 2 "미키와 마법 지도" 쇼에 대해 직원에게 이것저것 물어보기

실례지만, 쇼 공연 시간이 얼마나 되나요?
Excuse me. How long is the show?

> 직원: "미키와 마법 지도" 쇼는 공연 시간이 약 22분이에요.
> **CAST:** "Mickey and the Magical Map" show is about 22 minutes long.

알겠어요. 어떤 캐릭터들이 무대에 나오나요?
Okay. Which characters will be on stage?

> 직원: 미키와 디즈니의 고전 캐릭터 중 몇 개가 나올 거예요.
> **CAST:** Mickey and some of the classical Disney characters will be there.

그거 재미있겠는데요.
That sounds fun.

> 직원: 네. 아이들이 아주 좋아해요.
> **CAST:** Yes. Kids love it so much.

그렇군요. 그럼 다음 번 쇼가 3시 15분 맞죠?
I see. So the next show will be at 3:15, right?

> 직원: 맞아요.
> **CAST:** That is correct.

알겠습니다. 그럼 이따 다시 올게요.
Okay. Then I will come back later.

> 직원: 이따 뵐게요. 일찍 오셔서 줄 서는 것 잊지 마시고요!
> **CAST:** See you later. Make sure you come early to line up!

---

classical: 고전적인 **make sure:** 반드시 ~하도록 하다 **line up:** 줄을 서다

실전 말하기 훈련

많이 말해 본 사람이 실전에도 강합니다. 뼈대 문장 훈련으로 워밍업이 됐다면 회화 속 실전 문장을 큰 소리로 말해 보세요.

길 좀 알려 주실래요?
Could you give me some directions, please?

실은 손님께서는 극장에서 그리 멀지 않은 곳에 계세요.
You are actually not that far away from the theater.

거기 어떻게 가면 되는데요?
How can I get there?

왼쪽에 커다란 연못이 보이면 좌회전하세요.
Turn left when you see a big pond on your left side.

그럼 극장이 보이나요?
Will I see the theater then?

오른쪽에 극장이 있을 거예요.
The theater will be on your right side.

실례지만, 쇼 공연 시간이 얼마나 되나요?
Excuse me. How long is the show?

어떤 캐릭터들이 무대에 나오나요?
Which characters will be on stage?

그거 재미있겠는데요.
That sounds fun.

그럼 다음 번 쇼가 3시 15분 맞죠?
So the next show will be at 3:15, right?

그럼 이따 다시 올게요.
Then I will come back later.

일찍 오셔서 줄 서는 것 잊지 마시고요!
Make sure you come early to line up!

UNIT 10 LA 디즈니랜드에서 길 묻고 미키 쇼에 대해 물어보기

보고
바로 말하기

실제 상황에서는 우리말 문장과 동시에 영어가 떠올라야 해요. 우리말 문장을 보고 영어로 바로 말해 보세요.

☐ 길 좀 알려 주실래요?

☐ 거기에 어떻게 가죠?

☐ 여기서 계속 똑바로 가세요.

☐ 왼쪽에 커다란 연못이 보이면 좌회전하세요.

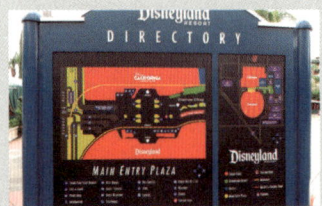

☐ 쇼 공연 시간이 얼마나 되나요?

☐ "미키와 마법 지도" 쇼 공연 시간은 약 22분이에요.

☐ 그거 재미있겠는데요.

☐ 다음 번 쇼가 3시 15분 맞죠?

☐ 오른쪽에 극장이 있을 거예요.

☐ 지금 서 계신 곳이 미키의 툰타운이에요.

☐ 미키와 디즈니의 고전 캐릭터 중 몇 개가 나올 거예요.

UNIT 11

LA 디즈니랜드에서 이것저것 물어보며 놀이기구 타기

디즈니랜드를 한번 들른 사람의 64퍼센트 이상이 다시 방문한다고 한다. 이 정도면 거의 중독 수준이다. 그럼 그 비결이 뭘까? 역사상 가장 성공한 캐릭터로 꼽히는 미키 마우스 덕분일까? 상상력 폭발 체험 시설이나 놀이기구 때문일까? 디즈니랜드를 한번이라도 경험해 본 사람이라면 한 목소리로 '서비스'라고 말한다.

디즈니랜드는 단지 신나는 놀이기구나 쇼를 즐기는 공간에 그치지 않는다. 디즈니랜드가 목표로 하는 것은 놀이공원 자체가 하나의 공연장이 되어 관람객들에게 즐거움과 감동을 선사하는 것이다. 그래서 디즈니랜드는 직원들을 '출연 배우'를 뜻하는 캐스트(Cast)라고 부르고, 캐스트들이 일하는 곳을 '무대'라는 뜻의 스테이지(Stage)라고 한다. 실제로 디즈니랜드를 돌아다니노라면 거리의 청소부들까지도 나름 '출연 배우'라는 자부심을 가지고 자기 '무대'에서 최선을 다하는 모습을 쉽게 발견할 수 있다. 바로 이런 고객 감동 서비스가 많은 사람들이 다시 디즈니랜드를 찾게 하는 것이다.

디즈니랜드에서 인기 놀이기구를 타려면 줄 서는 것이 장난이 아니다. 그래서 줄 서기를 피하려고 일종의 '급행표'인 FastPass(우선 입장권)을 구입하는 사람들도 꽤 많다. 하지만 줄 서기를 귀찮게만 여기지 말고 뭔가 유익한 경험을 할 기회라고 바꿔 생각해 보라. 예컨대 줄 서는 사람의 시간 개념을 무디게 하기 위해 일렬이 아닌 지그재그로 서게 하는 교묘한 심리술. 그리고 줄 서기를 즐기기라도 하는 듯 농담을 건네며 유쾌하게 서 있는 관람객들의 표정에서 많은 것을 느끼게 될 것이다.

단어만 알아도 안심이 돼요.

디즈니랜드에서 놀이기구를 탈 때 알아두면 좋은 건 아래 단어만으로도 충분해요. 정확하게 말할 수 있게 발음을 듣고 따라 해 보세요.

SINGLE WORDS

자동 티켓 판매기	distributor
~ 옆에	next to
넣다, 놓다	place
사용 시간대	range of time
인기 있는	popular
신나게 달리는	speedy
바이킹 놀이기구	pendulum ride [2]
총 쏘기	shooting
~에 달린/부착된	attached to
보여 주다, 나타내다	display

COMBO PHRASES

'패스트패스' 자동 판매기	FastPass [1] distributor
놀이기구 입구 옆에	next to the ride entrance
표를 기계에 넣다	place one's ticket in the machine
오후 4시 ~ 5시 같은 사용 시간대	a range of time, like 4 p.m. to 5 p.m.
인기 놀이기구	popular ride
신나게 타고 달리는 놀이기구	speedy ride
바이킹 놀이기구에 올라 타다	get on the pendulum ride
이건 총 쏘기와 관계가 있어요.	This has to do with [3] shooting.
카트에 달린 레이저 총	a laser gun attached to one's cart
점수를 보여 주다	display scores

1 '우선 입장권'의 뜻이 있어요.
2 pendulum은 '시계의 추'라는 뜻이에요. 바이킹이 시계 추처럼 왔다갔다 하잖아요. 그래서 이렇게 표현해요.
3 have to do with ~은 '~와 관계가/관련이 있다'의 뜻이에요.

뼈대 문장 익히기

여행에 필요한 뼈대 문장을 익혀 보아요. 머릿속에서만 맴돌던 영어 문장이 입에서 터져 나와요.

뼈대 문장 1

How does this FastPass system work?
이 패스트패스 시스템은 어떻게 운영되나요?

여기서 눈여겨봐야 할 단어는 work예요. work는 '일, 일하다'의 뜻도 있지만 '작동하다, 작용하다, 운영하다'의 뜻으로도 상당히 많이 쓰입니다. 이런 뜻일 때는 work의 주어로 기계, 기구, 시스템과 관련된 단어들이 주로 나옵니다.

다음 단어를 넣어 문장을 쓰고 말해 보세요.

1 패스트패스는 | FastPass

2 모노레일 시스템은 | the monorail system

3 그건 | it

4 그것들은 | they*

*주어가 they 같은 복수형일 때는 does를 do로 바꿔 쓰는 센스, 꼭 필요합니다!

뼈대 문장 2

Can I use it anytime?
언제든지 그걸 사용하면 되나요?

Can I ~?는 '내가 ~해도 되나요?'로 허락을 구하는 표현입니다. can 대신 could를 쓰면 더욱 정중하게 물어보는 느낌을 줄 수 있어요. anytime은 '아무 때고, 언제든지'의 뜻으로 시간에 구애 받지 않음을 나타낼 때 쓸 수 있습니다.

1 그 패스트패스 | the FastPass

2 그 할인 쿠폰을 | the discount coupon

3 그 입장권을 | the admission ticket

4 그 1년 사용권을 | the annual pass*

*annual: 매년의, 연례의   pass: 통행증, 탑승권

UNIT 11 LA 디즈니랜드에서 이것저것 물어보며 놀이기구 타기

뼈대 문장 3

Does it mean that I can only go on a ride during that period of time? 그 시간 동안에만 제가 놀이기구를 탈 수 있단 말인가요?

Does it mean that ~?에 주목해 주세요. 상대방이 무슨 얘기를 했는데, 내가 제대로 이해하고 있나 확인하고 싶을 때 쓸 수 있어요. '~라는 의미인가요?'로 ~ 자리에는 〈주어+동사 ~〉 등이 다 갖춰진 문장을 쓰도록 합니다. '놀이기구를 타다'는 go on a ride라고 고정으로 외워 두면 편합니다.

1 입장할 수 있단 | enter

2 신청할 수 있단 | sign up*

3 그걸 이용할 수 있단 | use it

4 놀이기구 표를 사용할 수 있단 | use the ride ticket

*sign up: (강좌나 코스 등에) 등록하다, 신청하다

뼈대 문장 4

Excuse me, is this your first time trying this ride? 실례지만, 이번이 처음 이 놀이기구를 타 보는 거세요?

이 말은 놀이기구 앞에서 같이 줄 서서 기다리는 옆 사람에게 할 수 있어요. 이러면서 대화의 물꼬가 트이는 거죠. try의 원래 뜻은 '시도하다, 노력하다'로 뭔가를 해 보려고 하거나 안 하던 것을 시도할 때 많이 쓰입니다.

1 로스앤젤레스를 방문하는 | visiting L.A.

2 디즈니랜드를 방문하는 | visiting Disneyland

3 캘리포니아 스크리밍 롤러코스터를 타 보는 | trying California Screamin' roller coaster

4 인앤아웃 버거를 먹어 보는 | trying an In-N-Out burger

뼈대 문장 5

This ride is actually quite fun.
이 놀이기구는 정말 무척 재미있어요.

학교 다닐 때 '매우, 무척'의 뜻으로 very를 배운 것, 기억하시죠? 그런데, 실제 원어민들은 very도 많이 쓰지만 이 quite를 정말 많이 씁니다. '조용한'의 quiet와 철자가 비슷해서 헷갈리기 쉽지만, '꽤, 썩'의 의미가 있다는 것, 꼭 기억해 두세요.

1 아주 무서워요 | so* scary

2 아주 스릴이 넘쳐요 | so thrilling

3 무척 인상적이에요 | quite impressive

4 너무 비싸요 | too* expensive

*so, too도 비슷한 의미를 표현해요. 다만 so는 긍정적인 뉘앙스를, too는 부정적인 뉘앙스를 풍긴다는 차이점이 있습니다.

뼈대 문장 6

Is this a speedy ride?
이거 신나게 타고 달리는 놀이기구예요?

놀이기구 중에는 아이들도 탈 수 있을 만큼 느리고 조용한 게 있는 반면, 완전 자기도 모르게 입이 벌어질 정도로 속도감이 있는 놀이기구도 있습니다. 겉으로만 보면 눈앞의 놀이기구가 어떤 건지 잘 모르겠을 때 이렇게 확인하면서 물어볼 수도 있어요.

1 캄캄한 곳을 여행하는 놀이기구 | a dark ride

2 바이킹 놀이기구 | a pendulum ride

3 물에서 하는 놀이기구 | a water ride

4 드롭 타워 | a drop tower*

*drop tower는 우리나라 놀이공원에 있는 자이로드롭과 같이 천천히 높이 올라갔다가 갑자기 뚝 떨어질 때의 쾌감을 즐기는 오락기구를 일컫는 용어입니다.

뼈대 문장 7

This has to do with shooting.
이건 총 쏘기와 관계가 있어요.

have to do with something 이 표현, 꼭 알아두세요.
회화뿐만 아니라 독해 지문에서도 정말 자주 쓰이는 것으로 '~와 관계가 있다'의 뜻입니다.

1 경주하기와 | racing

2 래프팅하기와 | rafting

3 배 타기와 | water boating

4 빙글빙글 회전하기와 | spinning

뼈대 문장 8

What do you mean by shooting?
총 쏘기라니 무슨 말이에요?

통째로 외워 둬야 할 표현이 또 나왔어요. What do you mean by ~?는 '~라니 무슨 말이에요?'의 뜻입니다. 예를 들어, 상대방이 어떤 현상을 설명하면서 self-explanatory라는 단어를 썼는데 이 단어가 무슨 뜻인지, 왜 그런 단어를 썼는지 모르겠어요. 그럴 때 What do you mean by라고 던진 다음 self-explanatory를 붙여 주면 궁금했던 걸 쉽게 물어볼 수 있어요.

1 경주하기라니 | racing

2 빙글빙글 회전하기라니 | spinning

3 바이킹 놀이기구라니 | pendulum ride

4 드롭 타워라니 | drop tower

실전 회화

Dialog 1 '우선 입장권'인 패스트패스에 대해 직원에게 이것저것 물어보기

이 패스트패스 시스템은 어떻게 운영되나요?
How does this FastPass system work?

> 직원: 인기 놀이기구들에 패스트패스 시스템이 적용되는 거예요.
> **CAST:** For popular rides, FastPass systems are applied.

그럼 뭘 어떻게 해야 하죠?
So what should I do?

> 직원: 우선 패스트패스 자동판매기를 찾으세요.
> **CAST:** First, you need to find FastPass distributors.

어디 있는데요?
Where are they?

> 직원: 보통 각 놀이기구들의 입구 옆에 있어요.
> **CAST:** They are usually next to the entrances of each ride.

알겠어요. 그 다음은요?
I see. What's next?

> 직원: 자동 티켓 판매기로 가서 갖고 계신 디즈니랜드 표를 기계에 넣으세요. 그럼 패스트패스가 인쇄돼 나올 거예요.
> **CAST:** Go to the distributor, and place your Disneyland ticket in the machine. Then it will print out a FastPass for you.

아무 때나 그걸 사용하면 되나요?
Can I use it anytime?

> 직원: 아뇨. 패스트패스 위에 오후 4시에서 5시까지처럼 시간대가 있을 거예요.
> **CAST:** No. On the FastPass, there will be a range of time, like 4 p.m. to 5 p.m.

그럼 그 시간대 동안에만 제가 놀이기구를 탈 수 있단 말인가요?
Does it mean that I can only go on a ride during that period of time?

> 직원: 네, 맞아요. 패스트패스 위에 찍힌 시간대를 지나치게 되면 못 써요.
> **CAST:** Exactly. Once you pass the time period of the FastPass, you cannot use it.

Dialog 2

"버즈 라이트이어 애스트로 블라스터" 놀이기구에 대해 옆에 서 있는 방문객에게 이것저것 물어보기

실례지만, 이번에 이 놀이기구를 처음 타 보는 거세요?
Excuse me, is this your first time trying this ride?

> 방문객: 아뇨. 이번이 두 번째예요.
> **VISITOR:** No. This is my second time.

그럼 "버즈 라이트이어 애스트로 블라스터" 놀이기구에 대해 좀 알려 주실래요?
Could you please tell me about the ride "Buzz Lightyear Astro Blasters"?

> 방문객: 그러죠. 이 놀이기구는 정말 무척 재미있어요.
> **VISITOR:** Sure. This ride is actually quite fun.

이거 신나게 타고 달리는 놀이기구예요?
Is this a speedy ride?

> 방문객: 전혀 아니에요. 이건 총 쏘기와 관계가 있어요.
> **VISITOR:** Not at all. This has to do with shooting.

총 쏘기라니 무슨 말이에요?
What do you mean by shooting?

> 방문객: 그러니까 놀이기구에 올라 타면 카트에 레이저 총이 달려 있을 거예요.
> **VISITOR:** So when you get on the ride, there will be a laser gun attached to your cart.

그럼 그 레이저 총을 쏴서 점수를 얻는 건가요?
Should I use that laser gun to score then?

> 방문객: 네, 맞아요. 카트가 스크린 앞에서 몇 번 멈춰 설 건데, 그때 겨냥해서 쏘기만 하면 돼요. 그럼 카트에도 역시 점수가 표시될 거예요.
> **VISITOR:** Exactly. The cart will stop several times in front of the screens, and all you have to do is aim and shoot. Scores will be displayed on your cart as well.

그렇군요. 설명 정말 감사합니다.
I see. Thanks so much for your explanation.

> 방문객: 재미있게 타세요!
> **VISITOR:** Enjoy!

Not at all.: (상대방이 한 말에 부정하면서) 전혀 아니에요.
aim: 조준하다, 목표로 하다   **as well:** ~도 역시

많이 말해 본 사람이 실전에도 강합니다. 뼈대 문장 훈련으로 워밍업이 됐다면 회화 속 실전 문장을 큰 소리로 말해 보세요.

이 패스트패스 시스템은 어떻게 운영되나요?
How does this FastPass system work?

그럼 뭘 어떻게 해야 하죠?
So what should I do?

어디 있는데요?
Where are they?

알겠어요. 그 다음은요?
I see. What's next?

언제든지 그걸 사용하면 되나요?
Can I use it anytime?

그럼 그 시간대 동안에만 제가 놀이기구를 탈 수 있단 말인가요?
Does it mean that I can only go on a ride during that period of time?

실례지만, 이번에 이 놀이기구를 처음 타 보는 거세요?
Excuse me, is this your first time trying this ride?

그럼 "버즈 라이트이어 애스트로 블라스터" 놀이기구에 대해 좀 알려 주실래요?
Could you please tell me about the ride "Buzz Lightyear Astro Blasters"?

이거 신나게 타고 달리는 놀이기구예요?
Is this a speedy ride?

총 쏘기라니 무슨 말이에요?
What do you mean by shooting?

그럼 그 레이저 총을 쏴서 점수를 얻는 건가요?
Should I use that laser gun to score then?

설명 정말 감사합니다.
Thanks so much for your explanation.

UNIT 11 LA 디즈니랜드에서 이것저것 물어보며 놀이기구 타기

보고
바로 말하기

실제 상황에서는 우리말 문장과 동시에 영어가 떠올라야 해요. 우리말 문장을 보고 영어로 바로 말해 보세요.

- [ ] 이 패스트패스 시스템은 어떻게 운영되나요?
- [ ] 언제든지 그걸 사용하면 되나요?
- [ ] 그 시간 동안에만 제가 놀이기구를 탈 수 있단 말인가요?
- [ ] 실례지만, 이번에 처음 이 놀이기구를 타 보는 거세요?
- [ ] 이 놀이기구는 정말 무척 재미있어요.

- [ ] 이거 신나게 타고 달리는 놀이기구예요?
- [ ] 이건 총 쏘기와 관계가 있어요.
- [ ] 총 쏘기라니 무슨 말이에요?
- [ ] 인기 놀이기구들에 패스트패스 시스템이 적용되는 거예요.
- [ ] 보통 각 놀이기구들의 입구 옆에 있어요.

- [ ] 디즈니랜드 표를 기계에 넣으세요.
- [ ] 오후 4시에서 5시까지처럼 시간대가 있을 거예요.
- [ ] 카트에 레이저 총이 달려 있을 거예요.

UNIT 12

알래스카 크루즈에서 선상 오락과 중간 기항에 대해 물어보기

보통 알래스카 크루즈라고 하면 '부자 노인들이나 하는 럭셔리한 여행'으로 여긴다. 하지만 알래스카 크루즈의 실제 비용은 그리 비싸지 않다. 한국 여행사들의 알래스카 크루즈 상품이 비싼 이유는 출발지 때문이다. 즉, 크루즈의 출발 항구가 로스앤젤레스, 시애틀, 밴쿠버 등 북미 도시들이다 보니 그곳까지 이동하는 데 드는 항공료와 항공료 비용을 뽑기 위해 미국이나 캐나다 서부 여행 일정이 일부 추가되기 때문이다. 따라서 오직 알래스카 크루즈만을 생각하고 여행 일정을 세운다면 알래스카 크루즈는 결코 비싼 여행이 아니다.

크루즈 여객선에는 먹거리, 볼거리, 놀거리가 넘쳐난다. 매일 짝퉁 할리우드 뮤지컬을 비롯한 여러 장르의 쇼와 흥미진진한 해양 생태계 특강 등이 열리고, 영화관과 도서관까지 갖춰져 있다. 그 밖에 태평양 바다를 굽어보며 헬스와 조깅, 그리고 수영을 즐길 수도 있다. 그야말로 '힐링'과 '영양 보충'에 최고이다.

내가 실제로 알래스카 크루즈 여행을 하면서 받은 강렬한 인상들 중 하나는 북미 사람들의 놀라운 공중 질서 의식이다. 알래스카 크루즈는 여객선에 따라 약간의 차이는 있지만 대략 1천명 가량의 많은 승객들이 1주일 동안 함께 생활해야 하는 '미니 도시'이다. 따라서 레스토랑에서 식사 시간을 지키며 조용히 식사하기, 현지 관광을 위해 중간 기항지에 잠깐 들를 때 차례를 지키며 하선하기 등의 질서 에티켓은 그야말로 기본이다. 이런 면에서 북미 사람들의 공중 질서 의식과 남을 배려하는 마음은 정말 본받을 만하다. 아무튼 내게는 알래스카 크루즈 여행이 북미 사람들의 의식과 라이프 스타일을 이해하게 되는 좋은 기회였다.

단어만 알아도 안심이 돼요.

알래스카 크루즈 여행을 할 때 알아두면 좋은 건 아래 단어만으로도 충분해요. 정확하게 말할 수 있게 발음을 듣고 따라 해 보세요.

SINGLE WORDS

알래스카 크루즈	Alaska / Alaskan cruise
여행 일정	itinerary
항해	sailing
갑판 평면도	deck plan
선상의	onboard
~에 참여하다	participate in
하선하다	debark / disembark
항구	port
승무원	crew member
출구	exit

COMBO PHRASES

알래스카 크루즈 여행을 가다	go on an Alaska / Alaskan cruise
디즈니 크루즈 라인의 알래스카 여행 일정	Disney Cruise Line itinerary to Alaska
항해 첫날	the first day of sailing
크루즈 배의 사진과 갑판 평면도	photos and deck plans of the cruise ship
선상 오락	onboard entertainment
참여할 수 있는 선상 활동들	some onboard activities you can participate in
알래스카주의 수도 주노에서 하선하다	debark / disembark in Juneau, Alaska's capital
기항지, 잠시 들르는 곳	port of call
승무원에게 묻다	ask a crew member
가장 가까운 출구	the nearest exit

뼈대 문장 익히기

여행에 필요한 뼈대 문장을 익혀 보아요. 머릿속에서만 맴돌던 영어 문장이 입에서 터져 나와요.

뼈대 문장 1

Could you please recommend some onboard activities for me? 선상 활동 프로그램들을 좀 추천해 주실래요?

〈Could you+동사원형 ~?〉은 '~해 주시겠어요?'로 상대방에게 공손히 부탁하는 표현입니다. 여기에 please를 넣으면 공손함의 정도를 더 높일 수가 있지요.

다음 단어를 넣어 문장을 쓰고 말해 보세요.

1 프로덕션 쇼들을 좀 | some production shows

2 마술 쇼를 | a magic show

3 브로드웨이 스타일 뮤지컬을 | a Broadway-style musical

4 헬스 프로그램들을 좀 | some fitness programs*

*헬스 프로그램이라고 **health program**이라고 하지 마세요. 헬스클럽에서 운동하는 프로그램을 나타낼 때는 **fitness program**이라고 해야 합니다.

뼈대 문장 2

When is that going to be? 그건 언제 하는데요?

〈be going to+동사원형〉은 '~할 것이다/~일 것이다'의 뜻으로 거의 하기로 예정되어 있는 일을 나타낼 때 씁니다. 위의 문장도 이미 어떤 것을 하기로 되어 있는데 단지 시점이 언제인지를 묻는 것이므로 be going to를 쓴 거예요.

1 환영 쇼는 | the welcoming show

2 "바다의 속삭임" 쇼는 | the "Voice of the Ocean" show

3 라이브 뮤직 공연은 | the live music performance

4 다음 번 영화는 | the next movie

뼈대 문장 3

There are many activities I can participate in, such as art classes. 미술 강좌처럼 제가 참여할 수 있는 활동들도 많아요.

such as는 '예를 들어 ~ 같은'의 의미예요. 한 단어인 like로도 바꿔 쓸 수 있지요.

1 요리 강좌처럼 | cooking classes

2 요가 강좌처럼 | yoga classes

3 줌바처럼 | Zumba*

4 주방 투어처럼 | kitchen tours

*Zumba: 라틴 음악에 맞춰 신나게 춤을 추는 피트니스 프로그램

뼈대 문장 4

Where can I get the newsletter? 어디서 뉴스레터를 구하나요?

get은 여러 뜻이 있는 동사로, 대표적인 의미로는 '얻다, 구하다, 도착하다'가 있습니다. 상황과 장소에 맞게 적절하게 사용할 수 있도록 연습하세요.

1 안내 전단을 | the leaflet

2 영화 상영 시간에 관한 안내 전단을 | the leaflet on movie showtimes

3 안내 소책자를 | the booklet

4 선상 활동 프로그램에 관한 안내 소책자를 | the booklet on onboard activities

뼈대 문장 5

I guess the best thing to do is to take a look at the newsletter and go from there.

뉴스레터를 살펴보고 거기서부터 시작하는 게 가장 좋을 것 같네요.

I guess는 우리말의 '~인 거 같아요'로 100% 단정하듯 말하지 않고 여운을 남기며 말할 때 이렇게 시작합니다. take a look at은 '~을 살펴보다'의 뜻이에요. look at이라고 써도 같은 의미이지만, 원어민들은 이렇게 take를 넣어서도 잘 말합니다.

1 안내 소책자를 살펴보고 | take a look at the booklet ☐ ☐ ☐

2 안내 전단을 살펴보고 | take a look at the leaflet ☐ ☐ ☐

3 승무원에게 물어보고 | ask a crew member ☐ ☐ ☐

4 접객 담당 직원에게 물어보고 | ask the receptionist ☐ ☐ ☐

뼈대 문장 6

Excuse me, could you please tell me about debarking?

실례지만, 하선하는 것에 대해 좀 알려 주실래요?

⟨tell someone about A⟩는 '~에게 A에 대해 말해 주다'의 뜻입니다. about은 뒤에 명사나 ⟨동사-ing⟩형만이 올 수 있는 단어라서 debark가 아니라 debarking이 왔습니다.

1 기항지 관광에 | shore excursion* ☐ ☐ ☐

2 선택할 수 있는 정찬 종류에 | dining options ☐ ☐ ☐

3 복장 규정에 | dress code ☐ ☐ ☐

4 식사 예절에 | dining etiquette ☐ ☐ ☐

*shore excursion: 승객, 승무원이 타고 있는 배가 항구에 정박하고 있는 동안에 상륙해서 관광하는 것을 말한다. 일반적으로 사증 없이도 선장이 일괄해서 교부 신청하는 Shore Pass(기항지 상륙 허가서)로 상륙할 수 있다.

뼈대 문장 7 — Should I just go to the nearest exit?

그냥 가장 가까운 출구로 가면 되나요?

〈Should I ~?〉는 '내가 꼭 ~해야 하나요?'라는 강제의 뜻이 아니라 '내가 ~하면 되는 거죠?'의 의미를 띄어요. 예를 들어, 상대방이 한 말을 듣고 확인 차원에서 Should I ~?를 쓸 수도 있습니다.

1   5번 갑판으로 | Deck 5

2   위층 갑판으로 | the upper deck

3   아래층 갑판으로 | the lower deck

4   "전망 라운지"로 | Vista* Lounge

*vista: 아름다운 경치나 풍경

뼈대 문장 8 — How do I know when my turn is?

제 차례가 언젠지 어떻게 알죠?

How do I know ~?는 '제가 ~를 어떻게 알지요?'예요. turn이 명사로 쓰이면 '차례, 순서'의 뜻이 있습니다. 참고로 How do I know when is my turn?으로 말하지 않게 조심하세요. 원래 When is my turn?이라고 직접 물어보는 대신 이렇게 How do I know 뒤에 문장을 붙일 때는 when my turn is 이런 순으로 씁니다.

1   제 저녁 식사 시간이 언젠지 | when my dinner time is

2   하선 시간이 언젠지 | when it's time to debark

3   몇 시에 아침 식사가 시작하는지 | what time breakfast starts

4   몇 시에 뷔페 식당이 문을 닫는지 | what time the buffet restaurant closes

실전 회화

알래스카 크루즈 여행을 할 때 하는 대화는 어떻게 이뤄질까요? 알아듣는 것도 중요하지만 특히 내가 말해야 하는 것에 주의해서 들어 보세요.

Dialog 1
승객들이 참여할 수 있는 선상 활동 프로그램들에 대해 크루즈 승무원에게 물어보기

선상 활동 프로그램들을 좀 추천해 주실래요?
Could you please recommend some onboard activities for me?

승무원: 그러죠. 오늘은 항해 첫날이니까 환영 쇼를 추천 드려요.
CREW MEMBER: Sure. Since this is our first day of sailing, I recommend our welcoming show.

그건 언제 하는데요?
When is that going to be?

승무원: 환영 쇼는 3층 대극장에서 저녁 8시에 열려요.
CREW MEMBER: The welcoming show will be at 8 p.m. in our main theater on level 3.

그렇군요. 또 다른 건요?
I see. Anything else?

승무원: 미술 강좌, 줌바, 주방 투어 등 참여하실 수 있는 다른 이벤트와 활동들도 많아요. 갖고 계신 뉴스레터에 활동 목록들이 나와 있을 거예요.
CREW MEMBER: There are many other events and activities you can participate in such as art classes, Zumba, kitchen tours, etc. The listings will be on your newsletter.

어디서 뉴스레터를 구하나요?
Where can I get the newsletter?

승무원: 오늘 날짜 뉴스레터는 객실에 있을 거예요. 그리고 아침마다 새 뉴스레터가 객실로 배달될 거예요.
CREW MEMBER: The newsletter for today should be in your room, and every morning new ones will be delivered to your room.

알겠어요. 뉴스레터를 살펴보고 거기서 시작하는 게 가장 좋을 것 같네요.
I see. I guess the best thing to do is to take a look at the newsletter and go from there.

승무원: 맞습니다. 매일 여러 가지 활동 프로그램들이 있으니까, 즐거운 시간 보내세요!
CREW MEMBER: Exactly. We have different activities every day, so enjoy!

Dialog 2

크루즈 중간 기항지인 주노가 가까워 와서
승무원에게 하선 요령에 대해 물어보기

실례지만, 하선하는 것에 대해 좀 알려 주실래요?
Excuse me, could you please tell me about debarking?

> 승무원: 네. 곧 주노에 도착할 거라서, 안내 방송이 나갈 거예요.
> **CREW MEMBER:** Of course. So we will be arriving at Juneau soon, and you will hear an announcement.

그럼, 그냥 가장 가까운 출구로 가서 배에서 내리면 되나요?
Then should I just go to the nearest exit and debark?

> 승무원: 그건 아니에요. 배에 탄 사람들의 숫자가 많아서 다른 시간에 다른 출구로 승객들을 내보낼 거예요.
> **CREW MEMBER:** Not really. Due to the large number of people in our ship, we are going to send guests to different exits at different times.

제 차례가 언젠지 어떻게 알죠?
How do I know when my turn is?

> 승무원: 방송에서 객실 번호, 지정 출구와 시간을 알려 주며 안내해 드릴 거니까 잘 듣고 따르세요.
> **CREW MEMBER:** The announcements will direct you by saying room numbers, the specific exit and time, so you need to listen carefully and follow.

알겠어요. 예를 좀 들어 주실래요?
I see. Can you give me an example?

> 승무원: 그러죠. "1201부터 1208호 객실 손님들은 오후 12시 15분에 C 출구로 나가세요"처럼 안내 방송이 나갈 거예요.
> **CREW MEMBER:** Sure. The announcement will be like "Rooms 1201 to 1208 to exit C at 12:15 p.m."

저도 쉽게 따라 할 수 있을 것 같네요.
That sounds easy enough for me to follow.

> 승무원: 쉬울 거예요. 만약 도움이 필요하시면 저희 직원에게 말씀만 하세요.
> **CREW MEMBER:** It will be easy. Just let any of our staff know if you need help.

due to: ~ 때문에

실전 말하기 훈련

많이 말해 본 사람이 실전에도 강합니다. 뼈대 문장 훈련으로 워밍업이 됐다면 회화 속 실전 문장을 큰 소리로 말해 보세요.

선상 활동 프로그램들을 좀 추천해 주실래요?
Could you please recommend some onboard activities for me?

그건 언제 하는데요?
When is that going to be?

그렇군요.
I see.

또 다른 건요?
Anything else?

어디서 뉴스레터를 구하나요?
Where can I get the newsletter?

뉴스레터를 살펴보고 거기서 시작하는 게 가장 좋을 것 같네요.
I guess the best thing to do is to take a look at the newsletter and go from there.

하선하는 것에 대해 좀 알려 주실래요?
Could you please tell me about debarking?

그냥 가장 가까운 출구로 가서 배에서 내리면 되나요?
Should I just go to the nearest exit and debark?

제 차례가 언젠지 어떻게 알죠?
How do I know when my turn is?

예를 좀 들어 주실래요?
Can you give me an example?

쉽게 따라 할 수 있을 것 같네요.
That sounds easy enough for me to follow.

보고 바로 말하기

실제 상황에서는 우리말 문장과 동시에 영어가 떠올라야 해요. 우리말 문장을 보고 영어로 바로 말해 보세요.

- ☐ 선상 활동 프로그램들을 좀 추천해 주실래요?

- ☐ 그건 언제 하는데요?

- ☐ 미술 강좌처럼 제가 참여할 수 있는 활동들도 많아요.

- ☐ 어디서 뉴스레터를 구하나요?

- ☐ 뉴스레터를 살펴보고 거기서부터 시작하는 게 가장 좋을 것 같네요.

- ☐ 실례지만, 하선하는 것에 대해 좀 알려 주실래요?

- ☐ 그냥 가장 가까운 출구로 가면 되나요?

- ☐ 제 차례가 언젠지 어떻게 알죠?

- ☐ 오늘이 항해 첫 날이니까 환영 쇼를 추천 드려요.

- ☐ 미술 강좌, 줌바, 주방 투어 등 참여하실 수 있는 다른 이벤트와 활동들도 많아요.

- ☐ 배에 탄 사람들의 숫자가 많아서 다른 시간에 다른 출구로 승객들을 내보낼 거예요.

- ☐ 방송에서 객실 번호, 지정 출구와 시간을 알려 주며 안내해 드릴 거예요.

- ☐ 만약 도움이 필요하시면 저희 직원에게 말씀만 하세요.

UNIT 13

알래스카 크루즈에서 사람 사귀며 선상 디너 즐기기

알래스카 크루즈 여행을 하던 중, 하루는 선상 발코니에서 옆에 앉아 있는 미국 할머니와 자연스럽게 이야기를 나누게 되었다. 대화 중 할머니는 내게 "이번이 몇 번째 알래스카 크루즈 여행이세요?"라고 묻더니 자기는 이번이 37번째라고 말하는 것이었다. 이 할머니가 다소 예외적이기는 하지만 북미 노인들과 얘기를 해 보면 보통 서너 차례 정도는 다녀온 듯하다. 내가 직접 크루즈 여행을 해 보니 충분히 이해가 되었다. 사실 미국이나 캐나다의 레스토랑에서 저녁 식사를 제대로 하려면 비용이 꽤 드는데, 매일 웨이터의 서빙을 받아가며 디너를 즐기고, 아침 점심 땐 세계의 다양한 요리를 뷔페 스타일로 맛보는 것만으로도 충분히 본전을 뽑을 수 있겠다는 생각이 들었다.

'금강산도 식후경'이라고, 크루즈 여행객들이 가장 손꼽아 기다리는 것은 디너 타임이다. 디너 때에는 각자 지정 시간과 좌석이 배정된다. 그리고 여자의 경우 원피스나 정장 차림, 남자의 경우는 넥타이는 매지 않더라도 정장 차림을 해야 한다. 크루즈에 탑승하기 전 체크인 수속 때 보니 사람들이 커다란 여행 가방들을 한두 개씩 가지고 있던데, 알고 보니 디너 때 입을 정장들을 챙겨오느라 그런 것이었다.

디너 메뉴는 메인 코스와 함께 디저트도 매일 바뀐다. 그리고 한두 차례 특선 메뉴를 선택해 즐길 수 있는데, 이때 최고 인기 메뉴는 알래스카산 랍스터 요리이다. 보통 디너 테이블 당 6~8명 정도의 사람들이 둘러 앉아 식사를 하는데, 이때 자기 소개를 하면서 자연스레 여러 나라 사람들을 사귈 기회가 주어진다. 웨이터가 그러는데, 같은 테이블에서 식사했던 사람들끼리는 나중에 여행이 끝나고도 서로 연락을 주고받는 경우가 많다고 한다.

단어만 알아도 안심이 돼요.

알래스카 크루즈 여행에서 선상 디너를 즐길 때 알아두면 좋은 건 아래 단어만으로도 충분해요. 정확하게 말할 수 있게 발음을 듣고 따라 해 보세요.

SINGLE WORDS

바다 전망(의)	ocean view
대화	conversation
옷, 의상	outfit
은퇴하다	retire
제공되는, 이용 가능한	available
잘 차린 식사, 정찬	dining
미식가, 식도락가	gourmet
주문하다	order
살코기	fillet
(증기로) 찐	steamed

COMBO PHRASES

바다 전망의 커다란 객실	a large ocean view cabin
대화를 시작하다	start the conversation
당신 의상이 맘에 드네요.	I love your outfit.
은퇴한 후에	after I retire
어떤 메뉴가 나올지 궁금하네요.	I wonder what menus are available.
선택할 수 있는 세 가지 저녁 정찬 메뉴	three dining options
식도락을 즐기다	enjoy gourmet meals
꽃등심 스테이크를 주문하다	order the rib-eye steak
살코기 연어	salmon fillet
찐 알래스카산 킹크랩 다리	steamed Alaskan King Crab legs

뼈대 문장 익히기

여행에 필요한 뼈대 문장을 익혀 보아요. 머릿속에서만 맴돌던 영어 문장이 입에서 터져 나와요.

뼈대 문장 1
That dress suits you really well.
그 원피스가 당신에게 아주 잘 어울리네요.

칭찬 싫어하는 사람은 없습니다. 〈주어+suit(s)+목적어〉는 '주어가 목적어에게 어울리다'의 뜻이에요. 옷이나 장신구가 주어 자리에 주로 옵니다.

다음 단어를 넣어 문장을 쓰고 말해 보세요.

1 목걸이가 | necklace

2 블라우스가 | blouse

3 가는 세로줄 무늬 정장이 | pinstripe suit

4 와이셔츠가 | dress shirt

뼈대 문장 2
I am now enjoying my vacation.
지금 휴가를 즐기고 있어요.

이 문장을 enjoy my vacation이라고 하면 뜻이 많이 달라져요. 이건 휴가가 생기기만 하면 (뭐를 해서든) 늘 즐긴다는, 항상 그렇다는 걸 의미하거든요. 현재, 말하는 순간에 해당하는 상태나 행동을 나타낼 때는 〈be동사+동사-ing〉로 표현합니다.

1 가족이랑 휴가를 즐기고 있어요 | enjoy my vacation with my family

2 친구들이랑 여름 휴가를 즐기고 있어요 | enjoy my summer vacation with my friends

3 동료들이랑 휴가를 보내고 있어요 | spend my holidays with my colleagues

4 혼자서 여름 휴가를 보내고 있어요 | spend my summer holidays alone

UNIT 13 알래스카 크루즈에서 사람 사귀며 선상 디너 즐기기

뼈대 문장 3

After this **Alaska Cruise**, what's on your mind next?
이번 알래스카 크루즈 여행 다음에는 무엇을 생각하고 계세요?

여행 가서 의사소통하게 된 외국인에게 꼭 한번은 물어볼 질문이죠.
after는 시간이나 사건의 발생 이후를 나타낼 때 쓰는 말이에요. 〈be on one's mind〉는 '마음에 두다, 생각하다'의 뜻이랍니다.

1 캐리비언 크루즈 여행 | Caribbean Cruise ☐ ☐ ☐

2 지중해 크루즈 여행 | Mediterranean Cruise ☐ ☐ ☐

3 하와이 크루즈 여행 | Hawaiian Cruise ☐ ☐ ☐

4 스칸디나비아 크루즈 여행 | Scandinavian Cruise ☐ ☐ ☐

뼈대 문장 4

I am thinking of **Asia**, but I have no specific plan yet.
아시아를 생각하고 있는데, 아직 구체적인 계획은 없어요.

뼈대 문장 3번처럼 질문을 받았는데 꿀먹은 벙어리마냥 가만 있으면 안 되겠죠?
다음에 자신이 가고 싶은 곳을 대면서 자연스럽게 말하면 됩니다. 그럴 때 정말 이 문장이 딱이에요!

1 북유럽을 | Northern Europe ☐ ☐ ☐

2 하와이를 | Hawaii ☐ ☐ ☐

3 멕시코를 | Mexico ☐ ☐ ☐

4 지중해 지역을 | the Mediterranean region* ☐ ☐ ☐

*여기서 지중해는 보통 아시아, 유럽, 아프리카 3개 대륙으로 둘러 싸인 유럽 지중해를 말해요.

뼈대 문장 5

I wonder what menus are available tonight.
오늘 저녁은 어떤 메뉴가 나올지 궁금하네요.

available은 뜻이 참 다양해요. 숙박 업소에 가서 이 단어를 쓰면 묵을 방이 있냐는 뜻이 되고요. 사람을 주어로 쓰면 '만날 시간이 되는'의 뜻으로 쓰여요. 기본 의미로는 '구할 수 있는, 이용 가능한'으로 여기서 파생되어 여러 뜻으로 활용됩니다.

1 뭐가 | what*

2 어떤 디저트가 | what desserts

3 어떤 칵테일이 | what cocktails

4 어떤 파스타 요리가 | what pasta dishes

*what은 3인칭 단수이므로 are가 아니라 is를 써야 하는 것, 알고 계시죠?

뼈대 문장 6

Steak sounds awesome.
스테이크가 아주 좋을 것 같아요.

상대방이 선택 사항에 대해 죽 얘기하는 걸 듣고 자신의 선택을 말할 때 활용할 수 있습니다. 〈sound + 형용사〉는 '~하게 들리다'이고 awesome은 '경탄할 만한, 어마어마한'의 뜻이니까 sounds awesome은 '~가 좋을 것 같다'의 뜻이 됩니다.

1 꽃등심 스테이크가 | Rib-eye steak

2 랍스터 꼬리가 | Lobster tail

3 살코기 연어가 | Salmon fillet

4 알래스카산 킹크랩 다리가 | Alaskan King Crab legs*

*주어 자리에 복수형이 나오면 sounds가 아니라 sound가 되어야 한답니다.

UNIT 13 알래스카 크루즈에서 사람 사귀며 선상 디너 즐기기

뼈대 문장 7

I ordered the lobster tail and my wife steak.
저는 랍스터 꼬리를, 아내는 스테이크를 주문했어요.

자기가 주문한 것을 확인하여 말할 때 이렇게 쓸 수 있습니다.
my wife 뒤에 ordered(주문했다) 동사가 빠져 있어요. 영어는 이렇게 같은 동사가 반복될 때는 생략하고 씁니다.

1 대합조개 수프를 — 연어 수프를 | the clam chowder* – salmon chowder

2 등심 스테이크를 — 안심 스테이크를 | the sirloin steak – tenderloin steak

3 찐 알래스카산 킹크랩 다리를 — 연어 구이를 | the steamed Alaskan King Crab legs – grilled salmon

4 뉴욕 치즈케이크를 — 딸기 소르베를 | New York cheesecake – strawberry sorbet**

*chowder: 생선류나 조개류와 채소로 만든 걸쭉한 수프   **sorbet: 과즙에 물, 설탕 따위를 넣어 얼린 것으로 디저트로 먹으며, 흔히 말하는 셔벗이 이거예요.

뼈대 문장 8

I think I will choose lobster tail.
저도 랍스터 꼬리로 해야겠네요.

이 문장에서 I think를 빼고 말할 때와 넣고 말할 때의 차이는 결단력 있게 들리느냐 조금 자신 없는 듯하게 들리느냐 그 뉘앙스 차이예요. 이렇게 말하는 게 틀린 건 아니지만, 무슨 말할 때마다 습관적으로 I think를 붙이지 않도록 하세요.

1 새우 칵테일로 | shrimp cocktail*

2 랍스터 허브 버터 구이로 | grilled lobster with herb butter

3 해물 꼬치 구이로 | grilled seafood skewers**

4 당근 케이크로 | carrot cake

*shrimp cocktail: 보통 식전에 먹는 것으로 새우, 샐러드, 소스로 되어 있어요.   **skewer: 꼬치, 꼬챙이

136

실전 회화

알래스카 크루즈 여행에서 디너를 즐길 때 하는 대화는 어떻게 이뤄질까요? 알아듣는 것도 중요하지만 특히 내가 말해야 하는 것에 주의해서 들어 보세요.

Dialog 1
디너 타임 때 같은 테이블에 앉은 다른 여행객들과 자기 소개하며 이야기 나누기

안녕하세요.
Good evening.

여행객: 안녕하세요. 입고 계신 의상이 맘에 드네요. 원피스가 당신에게 아주 잘 어울려요.
TOURIST: Good evening. I love your outfit. That dress suits you really well.

감사합니다. 그쪽 의상도 좋은데요. 멋져 보이세요!
Thank you. I like your outfit, too. You look good!

여행객: 고마워요.
TOURIST: Thanks.

어디서 오셨어요?
Where are you from?

여행객: 영국에서 왔어요. 당신은요?
TOURIST: I am from England. How about you?

서울에서 왔어요. 지금 휴가를 즐기고 있죠. 그쪽도 휴가 중이신가요?
I am from Seoul. I am now enjoying my vacation. Are you on vacation as well?

여행객: 아뇨. 저는 금년 2월에 은퇴했어요. 그래서 아내와 함께 세계 일주 여행을 하는 중이에요.
TOURIST: No. I retired this February so I am just travelling around the world with my wife.

멋지네요. 이번 알래스카 크루즈 여행 다음에는 무엇을 생각하고 계세요?
Sounds cool. After this Alaska Cruise, what's on your mind next?

여행객: 아시아를 생각하고 있는데, 아직 구체적인 계획은 없어요.
TOURIST: We are thinking of Asia, but we have no specific plan yet.

그러시군요. 하시려는 모든 여행이 잘 되길 바랍니다. 저도 은퇴 후에 그렇게 할 수 있으면 좋겠네요.
I see. Hope all your trips go well. I wish I could do that after I retire.

여행객: 고마워요. 당신도 열심히 일하면 충분히 할 수 있을 거예요!
TOURIST: Thanks. You will be able to if you work hard!

Dialog 2
디너 메뉴에 관해 물어보면서 다른 여행객과 계속 대화 나누기

여행객: 서빙하는 사람이 곧 이리로 올 것 같은데요.
TOURIST: I think the server will be here soon.

오늘 저녁은 어떤 메뉴가 나올지 궁금하네요.
I wonder what menus are available tonight.

여행객: 그거라면 제가 확실히 도와드릴 수 있어요.
TOURIST: I can actually help you with that.

어떻게 아시는데요?
How do you know?

여행객: 제가 몇 분 전에 주문을 했거든요.
TOURIST: It's because I ordered a few minutes ago.

어, 벌써 주문을 하셨군요! 선택 메뉴가 뭐였는데요?
Oh, you ordered already! What were the options?

여행객: 한 세 가지 선택할 수가 있었는데, 꽃등심 스테이크랑 랍스터 꼬리, 그리고 살코기 연어였어요.
TOURIST: There were about three options and they were rib-eye steak, lobster tail, and salmon fillet.

스테이크랑 랍스터 꼬리가 아주 좋은 것 같네요.
Steak and lobster tail sound awesome.

여행객: 그래요. 그래서 저는 랍스터 꼬리를, 아내는 스테이크를 주문했어요.
TOURIST: I know. So I ordered the lobster tail and my wife the steak.

선택 잘하신 것 같네요. 저도 랍스터 꼬리로 해야겠는데요.
That sounds like a good plan. I think I will choose lobster tail.

여행객: 잘 선택하셨어요. 괜찮을 거예요.
TOURIST: Good choice. It will be good.

help A with B: B에 대해 A를 도와주다

실전 말하기 훈련

많이 말해 본 사람이 실전에도 강합니다. 뼈대 문장 훈련으로 워밍업이 됐다면 회화 속 실전 문장을 큰 소리로 말해 보세요.

그쪽 의상도 좋은데요.
I like your outfit, too.

멋져 보이세요!
You look good!

어디서 오셨어요?
Where are you from?

지금 휴가를 즐기고 있죠.
I am now enjoying my vacation.

당신도 휴가 중이신가요?
Are you on vacation as well?

이번 알래스카 크루즈 여행 다음에는 무엇을 생각하고 계세요?
After this Alaska Cruise, what's on your mind next?

하시려는 모든 여행이 잘 되길 바랍니다.
Hope all your trips go well.

저도 은퇴 후에 그렇게 할 수 있으면 좋겠네요.
I wish I could do that after I retire.

오늘 저녁은 어떤 메뉴가 나올지 궁금하네요.
I wonder what menus are available tonight.

어떻게 아시는데요?
How do you know?

선택 메뉴가 뭐였는데요?
What were the options?

스테이크랑 랍스터 꼬리가 아주 좋은 것 같네요.
Steak and lobster tail sound awesome.

선택 잘하신 것 같네요.
That sounds like a good plan.

저도 랍스터 꼬리로 해야겠는데요.
I think I will choose lobster tail.

보고
바로 말하기

실제 상황에서는 우리말 문장과 동시에 영어가 떠올라야 해요. 우리말 문장을 보고 영어로 바로 말해 보세요.

- ☐ 그 원피스가 당신에게 아주 잘 어울리네요.
- ☐ 지금 휴가를 즐기고 있어요.
- ☐ 이번 알래스카 크루즈 여행 다음에는 무엇을 생각하고 계세요?
- ☐ 아시아를 생각하고 있는데, 아직 구체적인 계획은 없어요.
- ☐ 아내와 함께 세계 일주 여행을 하는 중이에요.

- ☐ 오늘 저녁은 어떤 메뉴가 나올지 궁금하네요.
- ☐ 스테이크가 아주 좋을 것 같아요.
- ☐ 저는 랍스터 꼬리를, 아내는 스테이크를 주문했어요.
- ☐ 저도 랍스터 꼬리로 해야겠네요.

- ☐ 서빙하는 사람이 곧 이리로 올 것 같은데요.
- ☐ 그거라면 제가 확실히 도와드릴 수 있어요.
- ☐ 잘 선택하셨어요.

UNIT 14

자전거 대여해서 '스탠리 공원' 일주하기

밴쿠버라는 도시의 특징 중 하나는 공원이 많다는 것이다. 그 중 밴쿠버 다운타운 서쪽에 위치한 스탠리 파크(Stanley Park)는 밴쿠버의 상징과 같은 공원이다. 도심에 위치한 공원이지만 인공적으로 조성된 공원이 아니라 몇백 년 된 나무들이 즐비한 빽빽한 원시림으로 이루어진 광활한 공원으로 뉴욕의 상징인 센트럴 파크(Central Park)보다도 더 크다.
태평양 바다로 둘러 쌓인 스탠리 공원은 수족관, 토템폴 공원 등 볼거리도 풍성하다. 또 공원 동쪽 끝의 브록턴 포인트(Brockton Point) 등대에서는 노스 밴쿠버와 웨스트 밴쿠버를 이으며 공원 한가운데를 가로지르는 멋진 라이온 게이트 브리지(Lions Gate Bridge)와 항구로 들어오는 배들을 한눈에 볼 수 있다.
또 바다를 끼고 만들어진 자전거 도로는 환상 그 자체이다. 밴쿠버 시내 전경을 감상하며 달리다가 도중에 잉글리쉬 베이(English Bay) 해변에 자전거를 세우고 수영과 일광욕을 즐길 수도 있다. 공원 근처에서 "Bike Rental" 또는 "Bicycle Rentals"라고 쓰여진 자전거 대여점에 들르면 자전거와 함께 헬멧과 자물쇠를 대여할 수 있다.

단어만 알아도 안심이 돼요.

실제 스탠리 파크 같은 공원 산책 시 알아두면 좋은 건 아래 단어만으로도 충분해요. 정확하게 말할 수 있게 발음을 듣고 따라 해 보세요.

SINGLE WORDS		COMBO PHRASES	
(자전거 등을) 타다	ride	자전거를 타다	ride a bicycle
빌리다	rent	하이브리드 자전거를 빌리다	rent the hybrid bike
대여	rental	자전거 대여	bike rental
2인용 자전거	tandem	2인용 자전거를 빌리다	rent the tandem
안전모	helmet	안전모를 쓰다	wear a helmet
자물쇠	lock	자물쇠를 포함하다	include a lock
요금	rate	대여료	rental rate
반납하다	return	이 자전거를 반납하다	return this bike
~을 가리키다	point to	빨간색 자전거를 가리키다	point to the red bike
현지인들	locals	현지인들과 관광객들	locals and tourists

뼈대 문장 익히기

여행에 필요한 뼈대 문장을 익혀 보아요. 머릿속에서만 맴돌던 영어 문장이 입에서 터져 나와요.

뼈대 문장 1

I would like to rent a bike.
자전거를 빌리려고 하는데요.

I'd like to ~는 '~하고 싶다'의 의미지만, 상점이나 대여점 등에서 이렇게 말하면 '~을 사려고 한다, ~을 빌리려고 한다'의 의미를 나타냅니다. 자전거는 bicycle보다 회화에서는 bike로 더 자주 말합니다.

다음 단어를 넣어 문장을 쓰고 말해 보세요.

1 2인용 자전거를 | a tandem bike

2 산악용 자전거를 | a mountain bike*

3 안전모를 | a helmet

4 아기용 의자를 | a child seat

*산악용 자전거를 뜻하는 MTB가 바로 mountain bike의 준말이에요.

뼈대 문장 2

What type of bike should I rent?
어떤 자전거를 빌리면 되나요?

비슷비슷해 보이지만 여러 종류가 있을 때 어떤 타입이 자신에게 맞는 건지 궁금할 때가 있잖아요. 이럴 때 활용할 수 있는 패턴입니다.

1 1인용 자전거를 | single bike

2 2인용 자전거를 | tandem bike

3 도로용 자전거를 | road bike

4 안전모를 | helmet

뼈대 문장 3

Does the price include helmets?
가격에 안전모들도 포함돼 있나요?

뭔가를 빌릴 때 해당 가격 안에 어떤 사항들이 포함되는지 꼼꼼히 따져 봐야 합니다. 자기 상식선에서 이건 당연히 포함되겠지 하고 넘어가는 건 외국에서는 안 통합니다. 별로 어렵지 않으니까 꼭 연습해서 물어보세요.

1 자물쇠들도 | locks ☐ ☐ ☐

2 안전모들과 자물쇠들도 | helmets and locks ☐ ☐ ☐

3 공기 펌프도 | an air pump ☐ ☐ ☐

4 몸 보호대도 | body armor ☐ ☐ ☐

뼈대 문장 4

Do you know how to get to the Brockton Point Lighthouse?
브록턴 포인트 등대에 어떻게 가는 지 아세요?

길이나 방향을 물을 때 아주 고정적으로 쓰는 표현입니다. Do you know how to get to ~?라고 통으로 외워 주세요. get to ~는 '~에 도착하다'의 의미가 있어요.

1 라이온 게이트 다리에 | the Lions Gate Bridge ☐ ☐ ☐

2 밴쿠버 수족관에 | the Vancouver Aquarium ☐ ☐ ☐

3 토템폴이 전시된 곳에 | the Totem Pole* display ☐ ☐ ☐

4 잉글리쉬 베이에 | English Bay ☐ ☐ ☐

*Totem Pole: 전통적으로 아메리카 원주민 사회에서 토템의 상(像)을 그리거나 조각한 기둥

뼈대 문장 5

Is it far from here?
거기가 여기서 먼가요?

길이나 방향에 관한 안내를 듣고 많이 하는 이야기 중 하나가 '여기서 먼가요?'입니다.
be far from ~는 '~에서 멀다'로 참 다양하게 응용할 수 있는 표현입니다.

1 정문이 | the main entrance ☐☐☐

2 잉글리쉬 베이가 | English Bay ☐☐☐

3 토템폴이 전시된 곳이 | the Totem Pole display ☐☐☐

4 밴쿠버 수족관이 | the Vancouver Aquarium ☐☐☐

뼈대 문장 6

Do I need to follow along this way?
이 길을 따라 쭉 가야 하나요?

〈need to+동사원형〉은 '~해야 한다'로 have to와 비슷한 의미를 표현합니다.
그것의 의문문인 Do I need to ~?는 '(꼭) ~해야 하나요?'라고 확인차 물어보는 표현입니다.

1 안전모를 착용해야 | wear a helmet ☐☐☐

2 몸 보호대를 착용해야 | wear body armor ☐☐☐

3 보증금을 내야 | pay a deposit ☐☐☐

4 지도를 가져와야 | bring a map ☐☐☐

뼈대 문장 7

Is the 9 O'clock Gun on the way?
가는 길에 '나인 어클락 건'이 있나요?

여기서 중요한 표현은 on the way입니다. 상황에 따라 '가는 길에'가 될 수도 있고, '오는 길에'가 될 수도 있습니다.

1 '로즈 가든'이 | the Rose Garden

2 '비버 호수'가 | Beaver Lake

3 '티하우스 레스토랑'이 | the Teahouse Restaurant

4 '퍼거슨 포인트'가 | Ferguson Point

뼈대 문장 8

It is one of the most famous viewpoints in Stanley Park.
스탠리 공원에서 가장 유명한 전망대 중 하나예요.

관광지에서 투어를 하게 되면 참 많이 듣게 되는 표현 중의 하나가 '가장 ~한 것 중의 하나입니다'예요. 그만큼 최고라는 걸 자랑하고자 하는 건데요, 영어로는 〈one of the 최상급+명사〉 형태로 표현합니다.

1 관광 명소 | tourist attractions

2 산책로 | trails*

3 정원들 | gardens

4 기념물들 | monuments

*trail은 정해진 코스를 따라서 걷는 산책로를 가리켜요.

실전 회화

실제 스탠리 공원을 거닐며 하는 대화는 어떻게 이뤄질까요? 알아듣는 것도 중요하지만 특히 내가 말해야 하는 것에 주의해서 들어 보세요

Dialog 1
스탠리 공원 근처의 자전거 대여점에 들러 2인용 자전거와 헬멧 빌리기

안녕하세요. 자전거를 빌리려고 하는데요.
Hello, I would like to rent a bike.

점원: 그러세요. 1인용 자전거를 빌릴 거예요, 2인용 자전거를 빌릴 거예요?
CLERK: Sure, would you like to rent a single or a tandem?

2인용 자전거가 뭐죠?
What is a tandem?

점원: 두 사람이 함께 탈 수 있는 자전거예요.
CLERK: It's a bike that two people can ride together.

그렇군요. 그럼 2인용 자전거를 빌릴게요.
I see. Could I rent a tandem bike please?

점원: 네. 얼마나 오랫동안 빌리실 거죠?
CLERK: Sure. How long would you like to rent it for?

2시간이요. 1시간에 얼마예요?
For 2 hours please. How much is it for an hour?

점원: 1시간에 12달러예요. 하실래요?
CLERK: It's $12 an hour. Is that okay?

네. 그런데 거기에 안전모도 포함되나요?
Yes, but does that include helmets?

점원: 물론이죠. 법으로 돼 있어요.
CLERK: Of course, it's the law.

Dialog 2

자전거를 타고 공원을 달리다 지나가는 사람에게
브록턴 포인트 등대로 가는 길 묻기

실례합니다. 길 좀 물어봐도 될까요?
Excuse me. Could I ask you a direction?

> 통행인: 그러세요. 말씀하세요.
> **PASSER-BY:** Of course. Go ahead.

브록턴 포인트 등대에 어떻게 가는지 아세요?
Do you know how to get to the Brockton Point Lighthouse?

> 통행인: 네, 알아요.
> **PASSER-BY:** Yes, I do.

여기서 먼가요?
Is it far from here?

> 통행인: 전혀 안 멀어요. 5분 정도만 가면 보일 거예요. 이 길을 따라 쭉 가기만 하면 돼요.
> **PASSER-BY:** Not at all. You can see that within 5 minutes. You just need to follow along this way.

정말 고맙습니다.
Thank you so much.

> 통행인: 저, 있잖아요. 가는 길에 '나인 어클락 건'이라는 곳이 있는데, 스탠리 공원에서 가장 유명한 전망대 중 하나예요. 아마 못 보면 후회할 걸요!
> **PASSER-BY:** Oh, you know what? There is 9 O'clock Gun on the way. It is one of the most famous viewpoints in Stanley Park. You don't want to miss that!

꼭 볼게요! 알려 주셔서 감사해요!
I wouldn't! Thanks for letting me know!

> 통행인: 별 말씀을요. 좋은 하루 보내세요.
> **PASSER-BY:** You are very welcome. Have a good day.

you know what?: (말을 꺼내면서) 저, 있잖아요

실전 말하기 훈련

많이 말해 본 사람이 실전에도 강합니다. 뼈대 문장 훈련으로 워밍업이 됐다면 회화 속 실전 문장을 큰 소리로 말해 보세요.

자전거를 빌리려고 하는데요.
I would like to rent a bike.

2인용 자전거가 뭐죠?
What is a tandem?

그럼 2인용 자전거를 빌릴게요.
Could I rent a tandem bike please?

2시간이요. 1시간에 얼마예요?
For 2 hours please. How much is it for an hour?

네. 그런데 거기에 안전모도 포함되나요?
Yes, but does that include helmets?

실례합니다. 길 좀 물어봐도 될까요?
Excuse me. Could I ask you a direction?

브록턴 포인트 등대에 어떻게 가는지 아세요?
Do you know how to get to the Brockton Point Lighthouse?

여기서 먼가요?
Is it far from here?

꼭 볼게요! 알려 주셔서 감사해요!
I wouldn't! Thanks for letting me know!

보고
바로 말하기

실제 상황에서는 우리말 문장과 동시에 영어가 떠올라야 해요. 우리말 문장을 보고 영어로 바로 말해 보세요.

- [ ] 자전거를 빌리려고 하는데요.
- [ ] 어떤 자전거를 빌리면 되나요?
- [ ] 가격에 안전모들도 포함돼 있나요?
- [ ] 브록턴 포인트 등대에 어떻게 가는지 아세요?
- [ ] 거기가 여기서 먼가요?

- [ ] 이 길을 따라 쭉 가야 하나요?
- [ ] 가는 길에 '나인 어클락 건'이 있나요?
- [ ] 스탠리 공원에서 가장 유명한 전망대 중 하나예요.
- [ ] 1인용 자전거를 빌릴 거예요, 2인용 자전거를 빌릴 거예요?
- [ ] 얼마나 오랫동안 빌리실 거죠?

- [ ] 물론이죠. 법으로 돼 있어요.
- [ ] 5분 정도만 가면 보일 거예요.
- [ ] 이 길을 따라 쭉 가기만 하면 돼요.
- [ ] 아마 못 보면 후회할 걸요!

UNIT 15

'오픈 하우스'에 들러 캐나다 집 구경하며 이것저것 물어보기

캐나다의 주택은 크게 House, Townhouse, Condominium으로 나뉜다. 이를 우리말로 번역하면 각각 단독주택, 연립주택, 아파트라고 할 수 있다. 캐나다에서는 Apartment 대신 Condominium이라는 단어를 사용하며 흔히 줄여서 Condo라고 한다. 이 중 캐나다 사람들이 가장 살고 싶어 하는 주택 형태는 정원이 딸린 단독주택 즉, House이다.

밴쿠버 주택가를 돌아다니다 보면 For Sale이라는 나무 표지판이 세워져 있는 집을 볼 수 있다. 이것은 그 집을 팔려고 한다는 걸 의미한다. 그리고 집이 팔렸으면 나무 표지판에 Sold라는 스티커를 붙여 놓는다. 또 For Sale과 함께 Open House라는 표시가 돼 있으면 정해진 시간에 그 집 안을 구경해도 좋다는 뜻이다.

보통 Open House는 주말 오후에 하는 경우가 많으며 여행자라도 집 안에 들어가 구경할 수 있다. Open House를 하는 집에 들어가면 보통 집 주인은 없고 부동산 중개인이 반갑게 맞이한다. 그리고 친절하게 집안 곳곳을 자세히 안내해 주므로 캐나다의 주택에 대해 배울 수 있는 절호의 기회이다.

단어만 알아도 안심이 돼요.

오픈 하우스를 구경할 때 알아두면 좋은 건 아래 단어만으로도 충분해요. 정확하게 말할 수 있게 발음을 듣고 따라 해 보세요.

SINGLE WORDS

개인용 작은 방	den
마루, 바닥	floor
땅	lot
지하(실)	basement
차고	garage
지붕	roof
(아파트의) 세대, 가구	unit
(아파트, 연립주택의) 건물 관리	strata
(부동산) 재산	property
부동산 중개인	realtor

COMBO PHRASES

부엌 맞은 편의 개인용 작은 방	the den opposite[1] the kitchen
원목이 깔린 마루	hardwood floor
커다란 땅을 가진 집	a house on a large lot
지하 방	a basement room
차고 문	a garage door
지붕을 다시 하다	have the roof redone[2]
아파트 세대	condo unit
건물 관리비	strata fee
(부동산) 재산세	property tax
부동산 중개 수수료	realtor fee

1 opposite은 '～ 건너편에, 맞은편에'의 전치사예요. 그래서 뒤에 장소나 사물을 나타내는 말이 나와요.
2 〈have+사물+과거분사〉는 '(자기가 직접 하지 않고 남에게 시켜서) ～을 하다'를 표현해요.

뼈대 문장 익히기

여행에 필요한 뼈대 문장을 익혀 보아요. 머릿속에서만 맴돌던 영어 문장이 입에서 터져 나와요.

뼈대 문장 1

How many rooms are there in this house?
이 집에는 방이 몇 개가 있나요?

몇 개인지 '수'를 물어볼 때는 〈How many+대상+동사+주어 ~?〉의 어순으로 물어봅니다. 참고로 얼마나 있는지 '양'을 물어볼 때는 many 대신 much를 써서 〈How much ~?〉라고 표현해요.

다음 단어를 넣어 문장을 쓰고 말해 보세요.

1 화장실이 | bathrooms*

2 옷장이 | closets

3 벽난로가 | fireplaces

4 에어컨이 | air conditioners

*bathroom은 흔히 욕조나 변기가 딸려 있는 화장실을 말하고, restroom은 '공공장소의 화장실'을 뜻합니다.

뼈대 문장 2

There are two bathrooms upstairs.
위층에 화장실이 두 개가 있어요.

There is/are ~는 '~이 있다'를 말할 때 씁니다. upstairs는 2층 건물에서 위층을 말하고요, 아래층은 downstairs라고 합니다.

1 위층에 방이 세 개가 | three rooms upstairs

2 위층에 화장실이 한 개가 | a bathroom upstairs*

3 아래층에 개인용 작업실이 두 개가 | two dens downstairs

4 아래층에 거실이 한 개가 | a family room downstairs*

*〈There+be동사〉 뒤에 복수형이 오면 are을, 단수형이 오면 is를 쓰는 센스!

UNIT 15 '오픈 하우스'에 들러 캐나다 집 구경하며 이것저것 물어보기

뼈대 문장 3

This house is around 6,000 sq feet.
이 집은 약 6천 제곱 피트예요.

우리가 '제곱'이라고 말하는 걸 영어로는 square라고 하며, 줄여서 sq로 쓰기도 합니다. 우리는 미터법을 쓰고 있지만, 미국과 캐나다는 아직도 미터법을 쓰지 않습니다. 참고로 6천 제곱 피트는 약 168평에 해당하는 넓이입니다.

1 6천 제곱 피트 | 6,000 sq feet

2 약 557 제곱 미터 | around 557 sq meters

3 대략 557 제곱 미터 | approximately 557 sq meters

4 500 제곱 미터 이상 | over 500 sq meters

뼈대 문장 4

I'm interested in a bachelor pad.
저는 배철러 패드에 관심이 있어요.

예상을 깨는 단어가 나왔어요. 부엌, 침실, 욕실, 거실이 하나로 통합되어 있는 원룸은 영어로 studio라고 하지만, 구어에서는 이렇게 bachelor pad라고도 표현합니다.

1 아파트에 | a condominium

2 고층 아파트에 | a high-rise condo

3 연립주택에 | a town house

4 커다란 땅을 가진 집에 | a house with a large lot

뼈대 문장 5

What is a strata?
스트라타가 뭐죠?

strata 역시 우리의 예상을 뛰어넘는 단어예요. '관리'라고 하면 maintenance를 주로 떠올리지만 아파트나 연립주택의 '관리'를 strata라고 합니다.

1 해프 배스가 | a half bath*

2 배철러 패드가 | a bachelor pad

3 마스터 베드룸이 | a master bedroom**

4 워크인 클로짓이 | a walk-in closet***

*half bath: 세면기와 변기만 있는 욕실   **master bedroom: 안방   ***walk-in: 크기가 커서 사람이 서서 드나들 수 있는

뼈대 문장 6

What is this room for?
이 방의 용도가 뭔가요?

What is this room for?를 직역해 보면 '이 방은 뭘 위한 거죠?'의 뜻입니다. 즉, 용도가 뭐냐는 의미로 〈What is A for?〉는 'A의 용도가 뭐예요?'를 나타내는 표현입니다.

1 공간의 | space

2 개인 작업실의 | den

3 창고실의 | storage

4 데크의 | deck*

*deck: 집 후면에 마루처럼 달아내 앉아서 쉴 수 있게 만든 곳   *balcony: 2층 따위의 밖으로 튀어나온 노대
*veranda: 건물 입구에 지붕이 얹혀 있고 벽이 둘러진 현관

뼈대 문장 7

How much is the strata?
공동 관리비는 얼마쯤 나와요?

〈How much is A?〉는 'A는 얼마예요?'로 가격을 묻는 아주 기본적인 표현입니다. 요것만 확실하게 알고 있으면 해외 여행 가서도 당당하게 가격을 물어볼 수 있습니다.

1 공과금은 | the utility bill*

2 한 달에 공과금은 | the utility bill per month**

3 공과금은 평균해서 | the average utility bill

4 4인 가족 공과금은 | the utility bill for a family of four***

*utility bill: 전기, 가스, 수도 요금　**per month: 한 달에　***family of four: 4인 가족

뼈대 문장 8

Is there any hospital in the neighborhood?
동네에 병원이 있나요?

예를 들어 book 앞에 any를 쓰면 '디자인, 내용 상관 없이 책이라고 생긴 건 모두'라는 의미를 전합니다. 위의 문장에서 any hospital은 진료를 잘하고 못하고를 떠나 병원이라고 생긴 건 모두의 뜻을 나타내죠. 참고로 hospital은 어느 정도 규모와 병상을 갖춘 종합병원을 가리킵니다.

1 슈퍼마켓이 | supermarket

2 코스트코가 | Costco

3 도서관이 | library

4 괜찮은 식당이 | good restaurant

실전 회화

오픈 하우스를 둘러볼 때 하는 대화는 어떻게 이뤄질까요? 알아듣는 것도 중요하지만 특히 내가 말해야 하는 것에 주의해서 들어 보세요.

Dialog 1

오픈 하우스 중인 밴쿠버의 한 주택에 들러 부동산 중개인의 안내를 받으며 이것저것 물어보기

그럼 이 집은 방이 몇 개인가요?
So how many rooms are there in this house?

부동산 중개인: 침실이 네 개, 개인 작업실이 한 개, 부엌 하나, 세탁실 하나, 욕실이 2층에 두 개 그리고 해프 배스가 한 개 있어요.
REALTOR: There are four bedrooms, one den, a kitchen, a laundry room, two bathrooms upstairs and one half bath.

해프 배스가 뭐죠?
What's a half bath?

부동산 중개인: 욕조나 샤워 시설이 없는 욕실을 말해요.
REALTOR: It's only a washroom without a bath or shower.

어느 게 안방인가요?
Which one is the master bedroom?

부동산 중개인: 개인 작업실 건너편에 있는 거예요.
REALTOR: The one opposite the den.

땅 크기가 얼마나 되죠?
How big is the lot?

부동산 중개인: 이 집은 약 6천 제곱 피트쯤 돼요.
REALTOR: This house is around 6,000 sq feet.

이 집은 얼마나 되었나요?
How old is the house?

부동산 중개인: 한 18년쯤 됐어요. 그런데 얼마 전에 지붕을 다시 했고, 바닥도 원목으로 완전히 새로 깔았어요.
REALTOR: This home is around eighteen years. But we've just had the roof redone, and the hardwood floors are brand new.

진짜 멋지네요.
That's really awesome.

Dialog 2

오픈 하우스 중인 콘도 모델하우스에 들러 직원 안내를 받으며 물어보기

이 콘도 단지는 세대 수가 얼마나 되나요?
How many units are in this condo estate?

모델하우스 직원: 전부 150세대예요. 그 중 3분의 1은 배철러 패드고요.
STAFF: 150 units in total. One-third are bachelor pads.

배철러 패드가 뭐죠?
What is a bachelor pad?

모델하우스 직원: 원룸 세대예요.
STAFF: It's a one-room unit.

그렇군요. 음, 전 원룸 세대에 관심이 있어요. 가격은 얼마나 하나요?
I see. Well, I'm interested in a bachelor pad. How much would that be?

모델하우스 직원: (확인하면서) 가격이 18만 달러쯤 해요. 스트라타로 월 200달러는 별도고요.
STAFF: (checking) It's going for $180,000. The strata will cost another $200 per month.

스트라타가 뭐죠?
What is a strata?

모델하우스 직원: 건물 관리를 위해 내는 비용이에요.
STAFF: It's the fees paid to take care of the building.

여기에 헬스 클럽이나 수영장은 있나요?
Is there a gym or a swimming pool here?

모델하우스 직원: 네, 둘 다 있어요. 또 지하에도 주차가 가능해요.
STAFF: Yes, we have both. We also have available parking in the basement.

그거 좋네요! 세대 당 주차 공간이 몇 개씩인가요?
That's neat! How many parking spaces are there per unit?

모델하우스 직원: 원룸 세대는 주차 공간이 하나뿐이에요.
STAFF: For the bachelor pad, there's only one.

---

go for: ~에 해당되다   **available:** 이용할 수 있는

실전 말하기 훈련

많이 말해 본 사람이 실전에도 강합니다. 뼈대 문장 훈련으로 워밍업이 됐다면 회화 속 실전 문장을 큰 소리로 말해 보세요.

그럼 이 집은 방이 몇 개인가요?
So how many rooms are there in this house?

해프 배스/배철러 패드/스트라타가 뭐죠?
What's a half bath/a bachelor pad/a strata?

어느 게 안방인가요?
Which one is the master bedroom?

땅 크기가 얼마나 되죠?
How big is the lot?

이 집은 얼마나 되었나요?
How old is the house?

진짜 멋지네요.
That's really awesome.

이 콘도 단지는 세대수가 얼마나 되나요?
How many units are in this condo estate?

전 원룸 세대에 관심이 있어요.
I'm interested in a bachelor pad.

가격은 얼마나 하나요?
How much would that be?

여기에 헬스 클럽이나 수영장은 있나요?
Is there a gym or a swimming pool here?

세대 당 주차 공간이 몇 개씩인가요?
How many parking spaces are there per unit?

보고 바로 말하기

실제 상황에서는 우리말 문장과 동시에 영어가 떠올라야 해요. 우리말 문장을 보고 영어로 바로 말해 보세요.

- [ ] 이 집에는 방이 몇 개가 있나요?
- [ ] 위층에 화장실이 두 개가 있어요.
- [ ] 이 집은 약 6천 제곱 피트예요.
- [ ] 저는 원룸 세대에 관심이 있어요.
- [ ] 스트라타가 뭐죠?

- [ ] 이 방의 용도가 뭔가요?
- [ ] 공동 관리비는 얼마쯤 나와요?
- [ ] 동네에 병원이 있나요?
- [ ] 얼마 전에 지붕을 다시 했고, 바닥도 원목으로 완전히 새로 깔았어요.
- [ ] 가격이 18만 달러쯤 해요.

- [ ] 스트라타로 월 200달러는 별도고요.
- [ ] 지하에도 주차가 가능해요.
- [ ] 원룸 세대는 주차 공간이 하나뿐이에요.

UNIT 16

커뮤니티 센터에 들러
밴쿠버 주민들의 여가 생활 엿보기

밴쿠버 주민들은 어떻게 여가 생활을 보낼까? 이것을 알려면 밴쿠버 동네마다 있는 커뮤니티 센터(Community Center)를 가 보면 된다. 규모에 따라 다르지만 대부분의 커뮤니티 센터에는 피트니스 센터(보통 Gym이라고 함), 수영장, 실내 경기장, 도서관, 세미나 룸, 카페 등의 시설이 갖춰져 있다.

또 축구나 테니스 동호회와 같은 스포츠 클럽 활동, 요리 강좌, 미술 강좌, 취미 모임, 봉사 모임, 사교 모임 등 여가 생활의 중심이 되는 곳도 바로 커뮤니티 센터이다. 따라서 커뮤니티 센터를 둘러보고 그 안에 비치된 안내 책자 및 팜플렛 등을 보면 밴쿠버 주민들이 어떻게 여가 생활을 보내는지 대충 짐작할 수 있다.

커뮤니티 센터 내의 도서관은 여행자들에게도 개방되어 있다. 비록 도서 대출은 안 되지만 도서관 서고에 진열된 책이나 잡지 또는 비디오 등은 얼마든지 볼 수 있다. 그리고 공짜 와이파이도 대부분 빵빵하게 터진다. 그래서 여행으로 인한 피로를 풀고 잠시 휴식을 취하기에도 좋은 장소이다.

단어만 알아도 안심이 돼요.

밴쿠버 시내에 있는 커뮤니티 센터를 돌아볼 때 알아두면 좋은 건 아래 단어만으로도 충분해요. 정확하게 말할 수 있게 발음을 듣고 따라 해 보세요.

SINGLE WORDS

헬스클럽	gym
이용권	pass
운영	operating / operation
빌리다	borrow
(책을) 대출하다	check out
개인식별번호, 비밀번호	PIN
반납하다	return
만기의	due
연장하다	extend
(숫자) 자릿수	digit

COMBO PHRASES

헬스클럽 회원(권)	gym membership
10회 방문 이용권	a 10-visit pass
운영 시간	operating hours / hours of operation
책을 몇 권 빌리다	borrow some books
잡지를 한 권 대출하다	check out a magazine
개인식별번호를 입력하다	enter one's PIN number
책을 반납하다	return the book
대출 만기일	due date
대출 만기일을 연장하다	extend one's due date
네 자릿수	four digit

뼈대 문장 익히기

여행에 필요한 뼈대 문장을 익혀 보아요. 머릿속에서만 맴돌던 영어 문장이 입에서 터져 나와요.

뼈대 문장 1

I would like to use the gym.
헬스클럽을 이용하려고요.

〈'd like to+동사원형〉은 '~하고 싶다'의 want to보다 더 정중한 느낌을 줍니다. 직역하면 '헬스클럽을 이용하고 싶습니다'이지만, 이용하고 싶으니 절차 등을 알려 달라는 의미가 됩니다.

다음 단어를 넣어 문장을 쓰고 말해 보세요.

1 수영장을 | the swimming pool ☐ ☐ ☐

2 헬스클럽이랑 수영장을 | the gym and swimming pool ☐ ☐ ☐

3 도서관을 | the library ☐ ☐ ☐

4 회의실을 | a meeting room ☐ ☐ ☐

뼈대 문장 2

What are the hours of operation?
운영 시간이 어떻게 되죠?

이 문장에서 What 대신에 When을 쓸 수도 있어요.

1 커뮤니티 센터 운영 시간이 | the hours of operation for the community center ☐ ☐ ☐

2 헬스클럽 개장 시간이 | the opening hours for the gym ☐ ☐ ☐

3 도서관 폐관 시간이 | the closing hours for the library ☐ ☐ ☐

4 수영장 개장과 폐장 시간이 | the opening and closing hours for the swimming pool ☐ ☐ ☐

UNIT 16 커뮤니티 센터에 들러 밴쿠버 주민들의 여가 생활 엿보기

뼈대 문장 3

I'm just wondering how much it costs.
저는 그게 얼마인지 궁금해요.

원어민들은 '궁금해요, 알고 싶어요'를 표현할 때 I want to know도 쓰지만 I'm wondering ~ 이 표현도 많이 씁니다. just를 써서 I'm just wondering이라고 하면 '(다른 의도는 없고) 그냥 궁금해서'라는 뉘앙스를 풍겨요.

1 헬스클럽 회원권이 | the gym membership ☐☐☐

2 1주 이용권이 | a weekly pass ☐☐☐

3 1달 이용권이 | a monthly pass ☐☐☐

4 1년 이용권이 | a year pass ☐☐☐

뼈대 문장 4

I am just visiting here for 2 weeks.
저는 그냥 2주 동안 여기 방문하고 있는 거예요.

영어에서 현재진행형(be동사 현재형+동사-ing)은 늘 그런 것이 아니라 지금 일시적으로 그러고 있다는 걸 표현합니다. 현재형을 쓰면 늘 그런다는 것을 나타내지요. 여행객이기 때문에 한시적으로 방문하고 있는 거잖아요? 그래서 현재진행형을 쓴 거예요.

1 2주 | a couple of* weeks ☐☐☐

2 한 일주일 | about a week ☐☐☐

3 며칠 | a few days ☐☐☐

4 여러 날 | some days ☐☐☐

*a couple of: two

뼈대 문장 5

Am I allowed to read some magazines here?
여기서 잡지 좀 읽어도 되나요?

allow는 '누가 ~을 하도록 허락하다'예요. 그런데 be allowed라고 하면 '~할 수 있도록 허락을 받다'의 뜻이 되죠. 회화에서 〈Am I allowed to+동사원형 ~?〉은 〈Can I+동사원형 ~?〉과 같은 뜻으로 정중히 허락을 구할 때 쓸 수 있습니다.

1 책들을 읽어도 | read books ☐☐☐

2 DVD를 봐도 | watch a DVD ☐☐☐

3 컴퓨터를 사용해도 | use a computer ☐☐☐

4 복사를 해도 | make photocopies ☐☐☐

뼈대 문장 6

Can I borrow a book using my friend's library card?
제 친구의 도서관 카드를 사용해 책을 빌려도 되나요?

Can I ~?가 앞에 나왔던 Am I allowed to ~?와 같은 의미라고 했죠? 여기서는 문장 중간에 나온 using ~에 주목해 주세요. 100%는 아니지만 문장 중간에 나온 〈동사-ing〉는 문맥에 맞게 크게 '~하면서, ~하는 동안, ~하다면, 그래서 ~하다'로 해석될 수 있습니다. 여기서는 '~하면서'가 가장 자연스럽습니다.

1 책을 몇 권 | a few* books ☐☐☐

2 잡지를 | a magazine ☐☐☐

3 정기간행물을 | a periodical ☐☐☐

4 새로 나온 DVD를 | a new DVD ☐☐☐

*a few: 몇몇의 (셀 수 있는 명사 앞에 붙입니다.)

뼈대 문장 7

How many books can I check out at once?
한번에 몇 권의 책을 대출할 수 있나요?

⟨How many+셀 수 있는 명사 ~?⟩는 '얼마나 많은 ~, 몇 개의 ~'라는 뜻입니다. 중요한 건 셀 수 있는 명사가 뒤에 오고, 의미상 그 명사는 -(e)s가 붙은 복수형이어야 한다는 것이에요. 셀 수 없는 명사가 올 때는 수가 아닌 양이라서 How many가 아니라 How much가 쓰입니다.

1 그림책을 | picture books ☐☐☐

2 잡지를 | magazines ☐☐☐

3 DVD를 | DVDs ☐☐☐

4 CD를 | CDs ☐☐☐

뼈대 문장 8

I'd like to sign up for a yoga class.
요가 반에 수강 신청하려고요.

sign up for는 강좌나 코스에 '등록하다'라는 뜻입니다. 사설 학원이나 문화센터, 학교 등에서 활용도가 엄청 높은 표현입니다.

1 요리 반에 | a cooking class ☐☐☐

2 댄스 반에 | a dance class ☐☐☐

3 사진 반에 | a photography* class ☐☐☐

4 꽃 장식 반에 | a floral** design class ☐☐☐

*photography: 사진술 (cf. photo: 사진)   **floral: 꽃의

실전 회화

밴쿠버 시내의 커뮤니티 센터에서 하는 대화는 어떻게 이뤄질까요? 알아듣는 것도 중요하지만 특히 내가 말해야 하는 것에 주의해서 들어 보세요.

Dialog 1
커뮤니티 센터 직원에게 헬스클럽과 수영장 단기 이용이 가능한지 묻고 이용권 구입하기

직원: 안녕하세요. 뭘 도와드릴까요?
STAFF: Good afternoon, how can I help you?

헬스클럽이랑 수영장을 이용하려고요. 가격이 얼마인지 궁금하네요.
I would like to use the gym and swimming pool. I'm just wondering how much it costs.

직원: 학생이세요?
STAFF: Are you a student?

아뇨.
No, I am not.

직원: 1년 사용권을 사시겠어요?
STAFF: Are you interested in getting a year pass?

아뇨. 저는 2주 동안 여기 방문하고 있는 거예요. 그래서 제가 머무는 동안 사용할 수 있는 이용권을 찾고 있어요.
No, I am just visiting here for 2 weeks. So I am looking for a pass I can use during my visit.

직원: 아, 그러세요. 10회 사용할 수 있는 이용권이 있는데, 가격은 45달러예요.
STAFF: Oh I see. We have a 10-visit pass and it's 45 dollars.

유효 기간 같은 게 있나요?
Is there any expiry date for it?

직원: 아뇨. 언제든지 원하실 때 사용하시면 돼요.
STAFF: No, you can use it whenever you want.

알겠어요. 헬스클럽과 수영장 개장 시간이 어떻게 되나요?
Okay. What are the opening hours for the gym and swimming pool?

직원: 헬스클럽은 오전 7시에서 오후 9시까지예요. 하지만 수영장은 오전 9시에서 정오까지, 그리고 오후 6시에서 9시까지 일반인에게 개방돼요.
STAFF: For the gym, it would be from 7 a.m. to 9 p.m. But the swimming pool will be open to the public from 9 a.m. to noon and then from 6 p.m. to 9 p.m.

알겠습니다. 10회 이용권으로 할게요.
Okay, I will take the 10-visit pass.

expiry date: 유효 만기일
whenever: ~일 때마다
the public: 일반인들

Dialog 2

커뮤니티 센터 내 도서관에서
B&B 집주인의 도서관 회원 카드를 사용해 책 빌리기

안녕하세요. 여기 여행객인데요. 이 도서관에서 책을 좀 빌릴 수 있을까 해서요.
Hello. I am a visitor here, but I am wondering if I can borrow some books from this library.

사서: 죄송합니다만, 안 돼요. 도서관 카드를 가지려면 노스 밴쿠버 주민이어야 해요.
LIBRARIAN: I'm sorry you can't. You have to be a resident of North Vancouver to have a library card.

아, 그래요. 그럼 제 친구 도서관 카드를 사용해서 책을 빌릴 수 있나요?
Oh I see. Or can I borrow a book using my friend's library card?

사서: 친구분이 허락하셨다면 가능해요. 친구 분의 비밀번호 네 자리 수 알고 계세요?
LIBRARIAN: You may if your friend has given you permission. Do you know his or her four digit PIN number?

네, 알고 있어요. 그런데 얼마 동안 책을 빌릴 수 있나요?
Yes, I do, but how long may I borrow the books?

사서: 3주 동안 50권까지 빌릴 수 있어요.
LIBRARIAN: You may borrow up to 50 books for 3 weeks.

알겠어요. 아, 한 가지만 더요. 여기서 잡지 좀 봐도 되나요?
Okay. Oh, another thing. Am I allowed to read some magazines here?

사서: 그럼요! 편하게 보고 싶은 대로 얼마든지 보세요!
LIBRARIAN: Absolutely! Feel free to read as many as you like!

---

give someone permission: 허락하다 **how long:** 얼마 동안이나
up to: (최대치로) ~까지 **feel free to+동사원형:** 자유롭게 ~하다
as many as you like: 원하는 대로 많이

실전 말하기 훈련

많이 말해 본 사람이 실전에도 강합니다. 뼈대 문장 훈련으로 워밍업이 됐다면 회화 속 실전 문장을 큰 소리로 말해 보세요.

헬스클럽이랑 수영장을 이용하려고요.
I would like to use the gym and swimming pool.

가격이 얼마인지 궁금하네요.
I'm just wondering how much it costs.

저는 2주 동안 여기 방문하고 있는 거예요.
I am just visiting here for 2 weeks.

그래서 제가 머무는 동안 사용할 수 있는 이용권을 찾고 있어요.
So I am looking for a pass I can use during my visit.

유효 기간 같은 게 있나요?
Is there any expiry date for it?

헬스클럽과 수영장 개장 시간이 어떻게 되나요?
What are the opening hours for the gym and swimming pool?

10회 이용권으로 할게요.
I will take the 10-visit pass.

여기 여행객인데요. 이 도서관에서 책을 좀 빌릴 수 있을까 해서요.
I am a visitor here, but I am wondering if I can borrow some books from this library.

제 친구 도서관 카드를 사용해서 책을 빌릴 수 있나요?
Can I borrow a book using my friend's library card?

얼마 동안 책을 빌릴 수 있나요?
How long may I borrow the books?

아, 한 가지만 더요.
Oh, another thing.

여기서 잡지 좀 봐도 되나요?
Am I allowed to read some magazines here?

UNIT 16 커뮤니티 센터에 들러 밴쿠버 주민들의 여가 생활 엿보기

보고
바로 말하기

실제 상황에서는 우리말 문장과 동시에 영어가 떠올라야 해요. 우리말 문장을 보고 영어로 바로 말해 보세요.

- [ ] 헬스클럽을 이용하려고요.
- [ ] 운영 시간이 어떻게 되죠?
- [ ] 저는 그게 얼마인지 궁금해요.
- [ ] 저는 그냥 2주 동안 여기 방문하고 있는 거예요.
- [ ] 여기서 잡지 좀 읽어도 되나요?

- [ ] 제 친구의 도서관 카드를 사용해 책을 빌려도 되나요?
- [ ] 한번에 몇 권의 책을 대출할 수 있나요?
- [ ] 요가 반에 수강 신청하려고요.
- [ ] 10회 사용할 수 있는 이용권이 있는데, 가격은 45달러예요.
- [ ] 도서관 카드를 가지려면 노스 밴쿠버 주민이어야 해요.

- [ ] 친구 분의 비밀번호 네 자리 수 알고 계세요?
- [ ] 3주 동안 50권까지 빌릴 수 있어요.
- [ ] 편하게 보고 싶은 대로 얼마든지 보세요!

UNIT 17

'리틀 라스베이거스' 체험하며 이것저것 물어보기

라스베이거스를 상징하는 호텔들인 베네시안 호텔, 패리스 호텔, 엠지엠 호텔, 윈 호텔 등을 멀리 라스베이거스까지 안 가고도 체험할 수 있는 방법이 있다. 바로 마카오로 가는 것이다.

'리틀 라스베이거스'라는 별명이 붙은 마카오에는 실내 장식물 하나까지도 이탈리아 베니스에 맞춘 베네시안 마카오 (Venetian Macau) 호텔, 실물 절반 크기의 에펠탑 모형에서 밤마다 라이트 쇼가 펼쳐지는 파리지앵 마카오 (Parisian Macau) 호텔, 상징 조형물인 사자상과 함께 중앙 로비에 있는 대형 수족관과 유리 공예품 등이 화려한 볼거리를 제공하는 엠지엠 마카오 (MGM Macau) 호텔, 그리고 분수쇼와 창의적인 인테리어 디자인으로 유명한 윈 마카오 (Wynn Macau) 호텔과 윈 팰리스 (Wynn Palace) 호텔이 포진해 있다. 이곳을 한번 구경하는 것만으로도 상상력과 시야가 넓어지는 색다른 경험이 될 것이다.

윈 마카오와 엠지엠 마카오는 마카오 반도 중심가에 위치해 있고, 나머지 호텔들은 타이파 섬과 콜로안 섬 사이를 매립한 코타이 스트립 (Cotai Strip) 지역에 떨어져 있다. 하지만 무료 호텔 셔틀버스를 이용하면 큰 불편 없이 오갈 수 있다. 라스베이거스에서 진출한 위의 호텔들은 숙박을 하지 않더라도 한번 방문하여 꼼꼼히 둘러볼 것을 권한다.

단어만 알아도 안심이 돼요.

실제 마카오 호텔 관람 시 알아두면 좋은 건 아래 단어만으로도 충분해요. 정확하게 말할 수 있게 발음을 듣고 따라 해 보세요.

SINGLE WORDS

분수	fountain
실내의	indoor
거대한	gigantic
놀라운	amazing
~할 가치가 있는	worth
~ 장치가 된	equipped
상징하다	represent
~처럼 보이게 만들어지다	simulate
야외의	outdoor
창의적인	creative

COMBO PHRASES

분수쇼	fountain show
실내 폭포	indoor waterfalls
거대한 수족관	gigantic aquarium
수족관은 정말 놀라워요!	The aquarium is totally amazing!
볼 만한 가치가 있는 것	something worth watching
LED 조명 장치가 돼 있다	be equipped with LED[1] lights
행운과 부를 상징하다	represent luck and fortune[2]
물 오로라처럼 보이게 만들어지다	simulate the water aurora
야외 공연	outdoor performance
창의적인 실내 디자인	creative interior design

---

1 LED는 light emitting diode의 약자로 '발광 다이오드'의 뜻이에요.
2 fortune은 '운'이란 뜻 외에 '막대한 부'의 뜻도 있어요.

뼈대 문장 익히기

여행에 필요한 뼈대 문장을 익혀 보아요. 머릿속에서만 맴돌던 영어 문장이 입에서 터져 나와요.

뼈대 문장 1

Have you ever been to Las Vegas?
라스베이거스에 가 본 적이 있나요?

이렇게 경험을 물어볼 때는 〈Have you ever+과거분사 ~?〉를 활용해요. 참고로 가 본 적이 있냐고 해서 gone을 쓰지 않도록 하세요. 반드시 been을 써야 해요.

다음 단어를 넣어 문장을 쓰고 말해 보세요.

1 나폴리에 | **Naples**

2 뮌헨에 | **Munich**

3 로마에 | **Rome**

4 아테네에 | **Athens**

*우리말 표기와 영어 표기가 많이 다른 대표적인 도시들이에요. 꼭 외워 두세요.

뼈대 문장 2

Are you expecting the Fountain show?
분수쇼를 기다리고 계신가요?

expect는 '예상하다, 기대하다'의 뜻인데 이렇게 진행형으로 쓰이면 '~을 기다리다'의 의미가 됩니다.

1 '용의 보물' 쇼를 | **the Dragon's Treasure show**

2 '돈 나무' 쇼를 | **the Tree of Prosperity show**

3 '하우스 오브 매직' 쇼를 | **the House of Magic show**

4 '하우스 오브 댄싱 워터' 쇼를 | **the House of Dancing Water show**

*모두 마카오 호텔에서 볼 수 있는 유명한 쇼들입니다.

뼈대 문장 3

Many friends of mine have recommended watching this show. 많은 친구들이 이 쇼를 보라고 추천하더군요.

recommended가 아니라 have recommended를 쓴 건 친구들이 예전부터 추천을 했고 그래서 내가 그 영향을 받아서 보려고 한다는 뜻을 내포합니다. recommend 뒤에는 이렇게 동사-ing가 올 수 있어요.

1 분수쇼를 보라고 | watching the Fountain show ☐ ☐ ☐

2 수족관을 가 보라고 | visiting the aquarium ☐ ☐ ☐

3 에그 타르트를 먹어 보라고 | trying egg tarts ☐ ☐ ☐

4 포르투갈 음식을 먹어 보라고 | trying Portuguese food ☐ ☐ ☐

*마카오는 포르투갈의 지배를 받았고 그게 음식 문화에도 그대로 남아 있어요. 패스트리에 달걀 크림을 넣은 에그 타르트 역시 포르투갈이 원조고요, 포르투갈 음식도 마카오에서 맛볼 수 있어요.

뼈대 문장 4

It is certainly something worth watching. 한번 꼭 볼 만할 거예요.

worth는 좀 특이한 형용사예요. 일반 형용사와 달리 꾸며 주는 말 뒤에 놓이고요, 뒤에 '동사-ing'과 함께 '~할 만한'의 뜻으로 쓰입니다.

1 먹어 볼 만할 | worth trying ☐ ☐ ☐

2 들러볼 만할 | worth visiting ☐ ☐ ☐

3 해 볼 만할 | worth doing ☐ ☐ ☐

4 고려해 볼 만할 | worth considering ☐ ☐ ☐

뼈대 문장 5

How tall is it?
높이가 얼마인가요?

⟨How+형용사 ~?⟩로 어떤 것의 상태가 얼마나 되는지를 물어볼 수 있어요.

1 길이가 | long

2 무게가 | heavy

3 폭이 | wide

4 크기가 | big

뼈대 문장 6

It's about 8 meters tall.
높이가 약 8미터예요.

그냥 단순하게 높다가 아니라 정확하게 미터까지 나타내면서 말할 때는 위의 표현처럼 말합니다.

1 높이가 약 3층 | 3 stories* high

2 길이가 약 1미터 | 1 meter long

3 폭이 약 30센티미터 | 30 centimeters wide

4 깊이가 약 2미터 | 2 meters deep

*story를 여기서 '이야기'로 생각하지 마세요. story는 '몇 층 건물'에서의 '층'에 해당하는 단어예요. 참고로 '3층에 살아요'일 때의 '층'은 **floor**입니다.

뼈대 문장 7

I've heard that it is equipped with LED lights.
LED 조명 장치가 돼 있다는 얘길 들었어요.

⟨OO+be equipped with A⟩는 'OO에 A가 설치되다'의 뜻이에요.

1 최첨단 LED 조명 | state-of-the-art* LED lights**

2 컴퓨터 | computers

3 센서 | sensors

4 보안용 카메라 | security cameras

*state-of-the-art: 최첨단의   **light: 조명

뼈대 문장 8

It represents endless luck and fortune.
무한한 행운과 부를 상징해요.

각 나라마다 특정한 의미나 뜻을 상징하는 게 있잖아요.
그렇게 '상징하다'의 뜻일 때 동사 represent를 씁니다.

1 건강을 | health

2 장수를 | longevity

3 밝은 미래를 | a bright future

4 번영을 | prosperity

실전 회화

실제 마카오 호텔에서 사람들과의 대화는 어떻게 이뤄질까요? 알아듣는 것도 중요하지만 특히 내가 말해야 하는 것에 주의해서 들어 보세요.

Dialog 1
윈 마카오 호텔 앞에서 분수쇼를 기다리며 옆의 서양인 관광객에게 말 걸기

실례지만, 분수쇼를 기다리고 계신가요?
Excuse me. Are you expecting the Fountain show?

> 관광객: 네. 그 쪽도요?
> **TOURIST: Yes. Are you?**

네. 많은 친구들이 이 쇼를 보라고 권하더군요.
Yeah. Many friends of mine have recommended watching this show.

> 관광객: 맞아요. 한번 꼭 볼 만한 거예요.
> **TOURIST: Indeed. It is certainly something worth watching.**

라스베이거스의 벨라지오 호텔 분수쇼의 축소판일 거예요.
It's supposed to be a small version of the Fountain show at Bellagio Hotel, Las Vegas.

> 관광객: 당신 말이 맞아요.
> **TOURIST: I think you are right.**

제가 알기로는 벨라지오 분수쇼를 만든 사람들과 같은 사람들이 이걸 개발했대요.
As far as I know, it was developed by the same people who created the Bellagio Fountain show.

> 관광객: 그래요? 재밌네요!
> **TOURIST: Was it? Interesting!**

라스베이거스에 가 본 적 있으세요?
Have you ever been to Las Vegas?

> 관광객: 아뇨. 하지만 꼭 가 보고 싶어요.
> **TOURIST: No, but I'd love to.**

be supposed to+동사원형: ~일 터이다, ~하기로 되어 있다
as far as I know: 내가 알기로는
I'd love to.: (상대방이 한 말에 수긍하며) 꼭 해 보고 싶어요.

Dialog 2

엠지엠 마카오 호텔 직원에게 이것저것 물어보며 로비 근처의 대형 수족관 구경하기

실례합니다. 뭐 좀 여쭤 봐도 될까요?
Excuse me. Can I ask you a question?

직원: 그러세요.
STAFF: Sure.

이 수족관이 거대하고 참 놀랍네요. 높이가 얼마예요?
This aquarium is gigantic and amazing. How tall is it?

직원: 높이가 약 8미터예요.
STAFF: It's about 8 meters tall.

LED 조명 장치가 돼 있다고 들었는데, 맞나요?
I've heard that it is equipped with LED lights. Am I right?

직원: 네, 맞습니다. 색깔이 바뀌도록 LED 조명이 설계됐어요. 물 오로라처럼 보이게 만들어졌죠.
STAFF: Yes, correct. LED lights are designed to change colors. They simulate the water aurora.

아, 그렇군요. 하나만 더 물어볼게요.
Oh, I see. One more question.

직원: 그러세요.
STAFF: Please, go ahead.

바다-하늘 수족관은 무엇을 상징하나요?
What is the water-sky aquarium symbolic of?

직원: 무한한 행운과 부를 상징해요.
STAFF: It represents endless luck and fortune.

좋은 정보 감사해요. 많은 도움이 됐습니다.
Thanks for your information. It's been a great help.

---

symbolic: 상징적인
be symbolic of ~: ~를 상징하다

실전 말하기 훈련

많이 말해 본 사람이 실전에도 강합니다. 뼈대 문장 훈련으로 워밍업이 됐다면 회화 속 실전 문장을 큰 소리로 말해 보세요.

실례지만, 분수쇼를 기다리고 계신가요?
Excuse me. Are you expecting the Fountain show?
☐ ☐ ☐

많은 친구들이 이 쇼를 보라고 권하더군요.
Many friends of mine have recommended watching this show.
☐ ☐ ☐

라스베이거스의 벨라지오 호텔 분수쇼의 축소판일 거예요.
It's supposed to be a small version of the Fountain show at Bellagio Hotel, Las Vegas.
☐ ☐ ☐

제가 알기로는 벨라지오 분수쇼를 만든 사람들과 같은 사람들이 이걸 개발했대요.
As far as I know, it was developed by the same people who created the Bellagio Fountain show.
☐ ☐ ☐

라스베이거스에 가 본 적 있으세요?
Have you ever been to Las Vegas?
☐ ☐ ☐

실례합니다. 뭐 좀 여쭤 봐도 될까요?
Excuse me. Can I ask you a question?
☐ ☐ ☐

이 수족관이 거대하고 참 놀랍네요. 높이가 얼마예요?
This aquarium is gigantic and amazing. How tall is it?
☐ ☐ ☐

LED 조명 장치가 돼 있다고 들었는데, 맞나요?
I've heard that it is equipped with LED lights. Am I right?
☐ ☐ ☐

바다-하늘 수족관은 무엇을 상징하나요?
What is the water-sky aquarium symbolic of?
☐ ☐ ☐

좋은 정보 감사해요. 많은 도움이 됐습니다.
Thanks for your information. It's been a great help.
☐ ☐ ☐

UNIT 17 '리틀 라스베이거스' 체험하며 이것저것 물어보기

보고
바로 말하기

실제 상황에서는 우리말 문장과 동시에 영어가 떠올라야 해요. 우리말 문장을 보고 영어로 바로 말해 보세요.

- [ ] 라스베이거스에 가 본 적이 있나요?
- [ ] 분수쇼를 기다리고 계신가요?
- [ ] 많은 친구들이 이 쇼를 보라고 추천하더군요.
- [ ] 한번 꼭 볼 만할 거예요.

- [ ] 높이가 얼마인가요?
- [ ] 높이가 약 8미터예요.
- [ ] LED 조명 장치가 돼 있다는 얘길 들었어요.
- [ ] 무한한 행운과 부를 상징해요.
- [ ] 물 오로라처럼 보이게 만들어졌죠.
- [ ] 라스베이거스의 벨라지오 호텔 분수쇼의 축소판일 거예요.

- [ ] 이 수족관이 거대하고 참 놀랍네요.
- [ ] 바다-하늘 수족관은 무엇을 상징하나요?

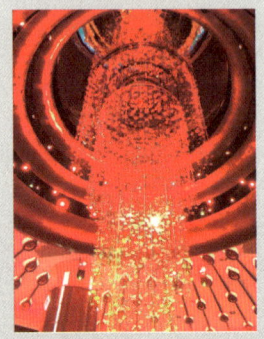

UNIT 18

'윈 에스플라나드'의 창의적인 인테리어 구경하며 이것저것 물어보기

라스베이거스를 한번도 가 보지 않은 사람도 밤 하늘에 열대 화산이 분출하는 미라지 호텔의 화산쇼와 로맨틱한 음악에 맞춰 물줄기가 춤추는 벨라지오 호텔의 분수쇼를 한번쯤 TV에서 구경한 적이 있을 것이다. 바로 이 두 쇼를 처음 시도한 사람이 '라스베이거스의 제왕' 스티브 윈이다.

스티브 윈은 미라지 호텔, 트레져 아일랜드 호텔, 벨라지오 호텔, 윈 호텔 등을 세우며 라스베이거스를 '도박의 도시'에서 오늘날의 '가족 레저 도시'로 변신시키는 데 선구적인 역할을 한 사람이다. 그는 '호텔 리조트 업계의 스티브 잡스'라고 불릴 정도로 혁신적이며 창의적이다.

특히 그는 창의적이며 뛰어난 디자인 감각으로 유명한데, 윈 마카오 호텔과 윈 팰리스 호텔의 명품 브랜드 쇼핑 아케이드인 윈 에스플라나드(Wynn Esplanade)는 그의 빼어난 디자인 감각을 체험할 수 있는 곳이다. 굳이 쇼핑을 하지 않더라도 명품 및 디자인 브랜드 숍들을 둘러보는 것만으로도 디자인 감각이 업그레이드되는 신선한 경험이 될 것이다.

단어만 알아도 안심이 돼요.

윈 에스플라나드를 둘러볼 때 알아두면 좋은 건 아래 단어만으로도 충분해요. 정확하게 말할 수 있게 발음을 듣고 따라 해 보세요.

SINGLE WORDS

구경하다	browse
저렴한	reasonable
고풍스런	vintage
모형	replica
특정한	specific
의류	apparel
정장	suit
고급(의), 명품(의)	luxury
증정품	giveaway
(가격, 요금이) 바가지	rip-off

COMBO PHRASES

상점을 구경하다	browse (through) a store
저렴한 가격	reasonable price
고풍스런 시계들	vintage watches
페라리 자동차 모형들을 수집하다	collect Ferrari replica models
특정 상표	specific brand
의류 및 액세서리	apparel and accessories
남성 정장	men's suits
명품 패션 브랜드	luxury fashion brand
커피 머그잔 증정품	coffee mug giveaway
그거 완전 바가지예요!	That's a total rip-off!

뼈대 문장 익히기

여행에 필요한 뼈대 문장을 익혀 보아요. 머릿속에서만 맴돌던 영어 문장이 입에서 터져 나와요.

뼈대 문장 1

Are there so many people here all the time?
늘 여기 이렇게 사람들이 많은가요?

이 말은 여행지에서 처음 만나는 사람들과 대화를 시작할 때 할 수 있는 아이스 브레이커(ice breaker)예요. 이런 식으로 물꼬가 터지면 자연스럽게 대화가 이어질 수 있답니다.

다음 단어를 넣어 문장을 쓰고 말해 보세요.

1 방문객들이 | visitors

2 외국인 방문객들이 | foreign visitors

3 관광객들이 | tourists

4 서양인 관광객들이 | Western tourists

*all the time: 늘, 항상

뼈대 문장 2

What is this display counter made of?
이 상품 진열대는 무엇으로 만든 건가요?

아예 〈What is A made of?〉를 통째로 외워 두세요. 'A는 뭐로 만든 거예요?'라고 제품의 재료나 원료가 궁금할 때 바로 물어볼 수 있어요.

1 이 진열 선반은 | this display shelf

2 이 아름다운 바닥은 | this beautiful floor

3 저 천정의 등은 | that ceiling lamp

4 저 벽의 장식은 | that wall decoration

UNIT 18 '원 에스플라나드'의 창의적인 인테리어 구경하며 이것저것 물어보기

뼈대 문장 3

Where can I buy an inexpensive suit?
어디서 저렴한 정장을 살 수 있죠?

현지인이나 상점 직원에게 물어볼 수 있는 표현이에요.
suit는 정장으로 남녀 모두에게 쓸 수 있습니다.

1 배낭 가방을 | backpack

2 가죽 재킷을 | leather jacket

3 노트북 컴퓨터를 | laptop*

4 목걸이를 | necklace

*notebook은 '공책'이지 '노트북 컴퓨터'가 아닙니다. '노트북 컴퓨터'는 laptop이라고 해야 맞습니다.

뼈대 문장 4

How can I get a good deal on Nike shoes?
어떻게 하면 나이키 신발들을 싸게 잘 살 수 있을까요?

여기 아주 좋은 표현이 들어 있네요. get a good deal on ~은 '~을 싸게 잘 사다'입니다.
이왕 살 거라면 더 저렴한 가격으로 사는 게 좋겠죠? 그런 방법을 물어볼 때 쓸 수 있습니다.

1 구찌 가방들을 | Gucci bags

2 샘소나이트 여행 가방들을 | Samsonite suitcases

3 뉴밸런스 운동화들을 | New Balance sneakers

4 버버리 스카프들을 | Burberry scarves

뼈대 문장 5

I want to take a look at that watch over there.
저기 있는 저 시계를 한번 보고 싶어요.

진열장에 들어 있거나 조금 멀리 떨어진 곳에 있는 제품이라서 제대로 한번 보고 싶을 때 쓸 수 있습니다.

1 저 반지를 | that ring

2 저 진주 목걸이를 | that pearl necklace

3 저 귀걸이들을 | those earrings

4 저 수정 귀걸이들을 | those crystal earrings

뼈대 문장 6

I really like the color.
색상이 정말 맘에 들어요.

우리나라 사람들은 좋아도 별로 표현을 안 하는 경향이 있어요. 하지만 해외 여행에 나갔다면 좋은 건 좋다고 분명하게 말해 주면 좋아요. 표현 안 하면 마음에 들지 않는 걸로 판단하여 더는 다른 걸 권하지 않거나 관심을 두지 않을 수도 있거든요. really like 대신 love라고 해도 같은 뜻입니다.

1 디자인이 | the design

2 스타일이 | the style

3 이 샘소나이트 여행 가방이 | this Samsonite suitcase

4 코치 핸드백들이 | Coach handbags

UNIT 18 '원 에스플라나드'의 창의적인 인테리어 구경하며 이것저것 물어보기

뼈대 문장 7

Are these the smallest models here?
이게 여기서 가장 작은 모델들인가요?

우리말의 '가장 ~한' 같은 표현을 최상급이라고 해요. big, small, happy 같은 단어에 -est를 붙이고 그 앞에 the를 붙여서 만들죠. popular나 expensive처럼 조금 긴 단어들은 그 앞에 the most를 붙여서 만듭니다. 영어 문장을 보면서 여러 번 읽고 말하다 보면 외워질 거예요.

1 가장 싼 | the cheapest ☐ ☐ ☐

2 가장 비싼 | the most expensive ☐ ☐ ☐

3 가장 최신 | the latest ☐ ☐ ☐

4 가장 인기 있는 | the most popular ☐ ☐ ☐

뼈대 문장 8

Do you collect these, too?
당신도 이것들을 수집하세요?

자신과 취향이 비슷한 관광객을 만났을 때, 서로 간의 어색함을 피하기 위해 던질 수 있는 일종의 ice breaker입니다. 이렇게 취향을 공유하게 되면 대화거리가 많아져서 그 다음 이야기로 술술 넘어갈 수 있겠죠.

1 엽서들을 | postcards ☐ ☐ ☐

2 머그잔들을 | mugs ☐ ☐ ☐

3 열쇠 고리들을 | key holders ☐ ☐ ☐

4 피규어들을 | figures* ☐ ☐ ☐

*figure는 특정 캐릭터들의 입체 형상을 뜻합니다.

실전 회화

실제 원 에스플라나드를 둘러보며 하는 대화는 어떻게 이뤄질까요? 알아듣는 것도 중요하지만 특히 내가 말해야 하는 것에 주의해서 들어 보세요.

Dialog 1
원 에스플라나드의 페라리 숍에 들러 점원에게 페라리 모형 자동차들에 대해 묻기

점원: 뭐 불편하신 거 없으세요?
CLERK: Are you doing okay here?

네. 그냥 구경하는 거예요.
Yes. I am just browsing here.

점원: 혹시 페라리 모형 자동차들을 수집하시나요?
CLERK: Do you collect any of our Ferrari replica models?

아쉽게도 아니에요. 수집하고 계세요?
Unfortunately, I don't. Do you collect these?

점원: 수집한다고 말하기는 좀 뭐하지만, 모형 자동차들이 두어 개 집에 있어요.
CLERK: I can't say that I collect these. But I have a couple of these models at my place.

그렇군요. 어떤 모델을 가장 좋아하시는데요?
I see. Which one is your favorite?

점원: 이런 것처럼 더 작은 모델들을 좋아해요.
CLERK: I like the smaller models like these.

이게 여기서 가장 작은 모델들인가요?
Are these the smallest models here?

점원: 네. 손님 앞에 있는 것들은 1대 43 비율로 축소해 놓은 건데 가장 작은 모델들이에요. 가장 큰 모델은 1대 8 비율이고요.
CLERK: Yes. The ones in front of you are at 1:43 scale and they are the smallest. The biggest model we have is at 1:8 scale.

작은 모델들이 큰 모델들보다 값이 더 싼가요?
Are smaller models cheaper than the bigger ones?

점원: 당연하죠. 모델이 작을수록 값도 싸요.
CLERK: Exactly. The smaller the model, the cheaper the price.

I can't say that ~: ~라고 할 수는 없지만 **1:43 scale:** 1대 43의 비율

UNIT 18 '원 에스플라나드'의 창의적인 인테리어 구경하며 이것저것 물어보기

Dialog 2

원 에스플라나드의 롤렉스 숍에 들러 시계들을 구경하며 점원에게 묻기

점원: 제가 뭐 좀 보여드릴까요?
CLERK: Is there anything that you would like me to show you?

음… 솔직히 저기 있는 저 시계를 한번 보고 싶어요.
Hmm… Actually, I want to take a look at that watch over there.

점원: 알겠습니다. 한번 차 보시겠어요?
CLERK: Sure. Do you want to try it on?

그래도 되나요?
May I?

점원: 그럼요. 제가 도와드리죠.
CLERK: Certainly. Let me help you.

고맙습니다. 색상이 정말 마음에 드네요.
Thank you. I really like the color.

점원: 맞아요. 저도 핑크 골드를 가장 좋아해요. 잘 어울리시네요.
CLERK: I agree. The pink gold is my favorite too. It looks good on you.

정말이요? 그런데 제가 생각한 것보다 실제로는 더 무겁네요.
Really? It's actually heavier than what I thought.

점원: 팔목 줄 부분이 검정 세라믹으로 돼 있어서 다른 것들보다 무게가 조금 나갈 거예요.
CLERK: It can be a little heavier than others because the bracelet part is made of black ceramic.

그렇군요. 이 시계 가격이 얼마예요?
I see. Can you please tell me the price of this watch?

점원: 네, 가격 확인하고서 바로 오겠습니다.
CLERK: Sure. I will check the price and will be right back.

실전 말하기 훈련

많이 말해 본 사람이 실전에도 강합니다. 뼈대 문장 훈련으로 워밍업이 됐다면 회화 속 실전 문장을 큰 소리로 말해 보세요.

그냥 구경하는 거예요.
I am just browsing here.

이걸 수집하고 계세요?
Do you collect these?

어떤 모델을 가장 좋아하시는데요?
Which one is your favorite?

이게 여기서 가장 작은 모델들인가요?
Are these the smallest models here?

작은 모델들이 큰 모델들보다 값이 더 싼가요?
Are smaller models cheaper than the bigger ones?

손님 앞에 있는 것들은 1대 43 비율로 축소해 놓은 거예요.
The ones in front of you are at 1:43 scale.

제가 뭐 좀 보여드릴까요?
Is there anything that you would like me to show you?

솔직히 저기 있는 저 시계를 한번 보고 싶어요.
Actually, I want to take a look at that watch over there.

그래도 되나요?
May I?

색상이 정말 마음에 드네요.
I really like the color.

잘 어울리시네요.
It looks good on you.

그런데 제가 생각한 것보다 실제로는 더 무겁네요.
It's actually heavier than what I thought.

이 시계 가격이 얼마예요?
Can you please tell me the price of this watch?

가격 확인하고서 바로 오겠습니다.
I will check the price and will be right back.

보고
바로 말하기

실제 상황에서는 우리말 문장과 동시에 영어가 떠올라야 해요. 우리말 문장을 보고 영어로 바로 말해 보세요.

☐ 늘 여기 이렇게 사람들이 많은가요?

☐ 이 상품 진열대는 무엇으로 만든 건가요?

☐ 어디서 저렴한 정장을 살 수 있죠?

☐ 어떻게 하면 나이키 신발들을 싸게 잘 살 수 있을까요?

☐ 저기 있는 저 시계를 한번 보고 싶어요.

☐ 색상이 정말 맘에 들어요.

☐ 이게 여기서 가장 작은 모델들인가요?

☐ 당신도 이것들을 수집하세요?

☐ 혹시 페라리 모형 자동차들을 수집하시나요?

☐ 모델이 작을수록 값도 싸요.

☐ 한번 차 보시겠어요?

☐ 저도 핑크 골드를 가장 좋아해요.

ANSWERS

뼈대 문장 정답 확인

UNIT 1

> 뼈대 문장 익히기

뼈대 문장 1

1. Could I ask something about this botanical garden?
2. Could I ask something about this magic show?
3. Could I ask something about the airport shuttles?
4. Could I ask something about the monorails?

뼈대 문장 2

1. Do you know any other interesting facts about the Venetian Hotel?
2. Do you know any other interesting facts about the Mirage Hotel?
3. Do you know any other interesting facts about the Luxor Hotel?
4. Do you know any other interesting facts about the Bellagio Hotel?

뼈대 문장 3

1. How much do you think it cost to build this building?
2. How much do you think it cost to build this cathedral?
3. How much do you think it cost to build this bridge?
4. How much do you think it cost to build this mall?

뼈대 문장 4

1. That's amazing!
2. That's fantastic!
3. That's so cool!
4. That's gorgeous!

뼈대 문장 5

1. You should definitely see the Volcano show.
2. You should definitely see the Fountain show.
3. You should definitely see the Volcano show at the Mirage Hotel.
4. You should definitely see the Fountain show in front of the Bellagio Hotel.

뼈대 문장 6

1. Do you know if this Statue of Liberty is the same size as the original in New York?
2. Do you know if this Brooklyn Bridge is the same size as the original in New York?
3. Do you know if this pyramid is the same size as the original in Egypt?
4. Do you know if this bell tower is the same size as the original in Venice?

뼈대 문장 7

1. It's actually half the size of the real Triumphal Arch in Paris.
2. It's actually half the size of the real Chrysler Building in New York.
3. It's actually half the size of the real Sphinx in Egypt.
4. It's actually half the size of the real Colosseum in Rome.

뼈대 문장 8

1. Thanks for your information.
2. Thanks for your useful tips.
3. Thanks for your kindness.
4. Thanks for your concern.

UNIT 2

> 뼈대 문장 익히기

뼈대 문장 1

1. Is this your first time watching the Volcano show?

2. Is this your first time watching the Fountain show?
3. Is this your first time visiting Las Vegas?
4. Is this your first time visiting the States?

뼈대 문장 2
1. How often does this performance take place?
2. How often does this outdoor performance take place?
3. How often does the Volcano show take place?
4. How often does the Fountain show take place?

뼈대 문장 3
1. What time does the next Fountain show start?
2. What time does the next Fall of Atlantis fountain show start?
3. What time does the next Fremont Street light show start?
4. What time does the next Carnival Midway circus show start?

뼈대 문장 4
1. Have you heard Madonna live?
2. Have you heard Michael Jackson live?
3. Have you heard Justin Bieber live?
4. Have you heard Lady Gaga live?

뼈대 문장 5
1. I don't want to miss the Volcano show.
2. I don't want to miss the Fountain show.
3. I don't want to miss the Fremont Street light show.
4. I don't want to miss the Carnival Midway circus show.

뼈대 문장 6
1. Maybe I'll come back and bring my mom.
2. Maybe I'll come back and bring my parents.
3. Maybe I'll come back and bring my kids.
4. Maybe I'll come back and bring my friends.

뼈대 문장 7
1. Have a wonderful time!
2. Have a wonderful time with your family!
3. Have a great holiday!
4. Have a nice lunch!

뼈대 문장 8
1. I hope you enjoy your stay at the Mirage.
2. I hope you enjoy your stay at the Bellagio.
3. I hope you enjoy your stay in L.A.
4. I hope you enjoy your stay in America.

UNIT 3

> 뼈대 문장 익히기

뼈대 문장 1
1. I'm interested in purchasing this shoulder bag for my mother.
2. I'm interested in purchasing this silver brooch for my mother.
3. I'm interested in purchasing this leather wallet for my father.
4. I'm interested in purchasing these sunglasses for my father.

뼈대 문장 2
1. Do you know the price of this Gucci handbag?
2. Do you know the price of this Burberry scarf?
3. Do you know the price of these Ferragamo dress shoes?
4. Do you know the price of this Hugo Boss pinstripe suit?

뼈대 문장 3
1. Have you got this in another color?
2. Have you got this in another brand?
3. Have you got this in another model?
4. Have you got this in another design?

뼈대 문장 4
1. Do you have this Michael Kors tote bag in stock?
2. Do you have the Nike Air Max 2016 in stock?
3. Do you have these gym sneakers in stock?
4. Do you have these Ray Ban sunglasses in stock?

뼈대 문장 5
1. This blue trench coat looks a little big.
2. This blue trench coat looks somewhat small.
3. This blue trench coat looks so comfy.
4. This blue trench coat looks too expensive.

뼈대 문장 6
1. It's not quite what I expected.
2. It's not quite what I said.
3. It's not quite what I thought.
4. It's not quite what I asked for.

뼈대 문장 7
1. Excuse me, can you help me find the Louis Vuitton store?
2. Excuse me, can you help me get a tax refund?
3. Excuse me, can you help get my tax refund?
4. Excuse me, can you help with my tax refund?

뼈대 문장 8
1. Could I have a plastic bag, please?
2. Could I have a reusable shopping bag, please?
3. Could I have a free coupon book, please?
4. Could I have a gift certificate, please?

UNIT 4

> 뼈대 문장 익히기

뼈대 문장 1
1. What is the Blue Man Group show about?
2. What is the Ka show about?
3. What is the Mystere show about?
4. What is the Zarkana about?

뼈대 문장 2
1. I was wondering if I could buy three tickets for the Blue Man Group show.
2. I was wondering if I could buy three tickets for two adults and one child.
3. I was wondering if I could buy two adult tickets and one child ticket.
4. I was wondering if I could buy two tickets at 7.

뼈대 문장 3
1. It was $100 per ticket, but totally worth it.
2. It was $85 per ticket, but totally worth it.
3. It was $130 per ticket, but totally worth it.
4. It was $180 per ticket, but totally worth it.

뼈대 문장 4
1. The Blue Man Group show didn't live up to my expectations.
2. The Beatles Love didn't live up to my expectations.
3. Michael Jackson One didn't live up to my expectations.
4. Viva Elvis didn't live up to my expectations.

뼈대 문장 5
1. I've seen several Cirque du Soleil's shows, and O is my favorite.
2. I've seen several Cirque du Soleil's shows, and Ka is my favorite.
3. I've seen several Cirque du Soleil's shows, and the Beatles Love is my favorite.

4. I've seen several Cirque du Soleil's shows, and Michael Jackson One is my favorite.

뼈대 문장 6
1. I've always wondered why they call it Ka.
2. I've always wondered why they call it Mystere.
3. I've always wondered why they call it Zarkana.
4. I've always wondered why they call it Le Reve.

뼈대 문장 7
1. I've been wanting to watch the Blue Man Group show for a long time.
2. I've been wanting to watch the O show for a long time.
3. I've been wanting to watch the Beatles Love for a long time.
4. I've been wanting to watch Michael Jackson One for a long time.

뼈대 문장 8
1. I'd highly recommend the Blue Man Group show.
2. I'd highly recommend Cirque du Soleil's O.
3. I'd highly recommend the Beatles Love.
4. I'd highly recommend Viva Elvis.

UNIT 5

› 뼈대 문장 익히기
뼈대 문장 1
1. What makes Apple different?
2. What makes Google different?
3. What makes Costco different?
4. What makes Toys R Us different?

뼈대 문장 2
1. I feel that Amazon is just another online store.
2. I feel that eBay is just another online store.
3. I feel that ASOS is just another online store.
4. I feel that 6pm is just another online store.

뼈대 문장 3
1. What does your company make?
2. What does your company produce?
3. What does your company offer?
4. What does your company specialize in?

뼈대 문장 4
1. Do you ship outside of the U.S.?
2. Do you ship to Asia?
3. Do you ship to Korea?
4. Do you ship to Seoul?

뼈대 문장 5
1. When was Microsoft founded?
2. When was Netflix founded?
3. When was Zappos founded?
4. When was Starbucks founded?

뼈대 문장 6
1. How many people work at your branch office?
2. How many people work at your Seattle office?
3. How many people work at your factory?
4. How many people work at your customer satisfaction center?

뼈대 문장 7
1. Where is your head office located?
2. Where is your customer service center located?
3. Where is your distribution center located?
4. Where is your R&D center located?

뼈대 문장 8

1. I was wondering if I could see the meeting rooms.
2. I was wondering if I could see the cafeteria.
3. I was wondering if I could see the CEO's office.
4. I was wondering if I could see the warehouse.

UNIT 6

> 뼈대 문장 익히기

뼈대 문장 1

1. This is a great view, isn't it?
2. This is a magnificent view, isn't it?
3. This is a marvelous view, isn't it?
4. This is a breathtaking view, isn't it?

뼈대 문장 2

1. I've been to Yellowstone, but this view takes the cake.
2. I've been to Yosemite, but this view takes the cake.
3. I've been to the Alps, but this view takes the cake.
4. I've been to the Rockies, but this view takes the cake.

뼈대 문장 3

1. This is actually my first time coming to the Grand Canyon.
2. This is actually my very first time coming to the Grand Canyon.
3. This is actually my second time coming to the Grand Canyon.
4. This is actually my fifth time coming to the Grand Canyon.

뼈대 문장 4

1. I'm here with my wife.
2. I'm here with my wife and two kids.
3. I'm here with my parents.
4. I'm here with my friend.

뼈대 문장 5

1. I wish I could come again.
2. I wish I could visit Chicago some day.
3. I wish I could travel around the world.
4. I wish I could travel like you.

뼈대 문장 6

1. I was wondering if I could ask you a question.
2. I was wondering if I could ask for your help.
3. I was wondering if I could borrow your pen.
4. I was wondering if I could talk to you for a moment.

뼈대 문장 7

1. Could you take a picture of us with the Grand Canyon Skywalk in the background?
2. Could you take a picture of us with the South Rim in the background?
3. Could you take a picture of us with the Hopi Point in the background?
4. Could you take a picture of us with the Desert View Watchtower in the background?

뼈대 문장 8

1. Could you take a picture of us, if you don't mind?
2. Could you help me with this, if you don't mind?
3. Could you move over a little, if you don't mind?
4. Could you move your backpack, if you don't mind?

UNIT 7

〉뼈대 문장 익히기

뼈대 문장 1

1. Is there a height limit for the ride "Harry Potter and the forbidden journey"?
2. Is there a height limit for the ride "Transformers"?
3. Is there a height limit for the ride "The Amazing Adventures of Spider-Man"?
4. Is there a height limit for the ride "Revenge of the Mummy"?

뼈대 문장 2

1. What would be 2 feet in cm?
2. What would be 10 miles in km?
3. What would be 3 pounds in kg?
4. What would be 2 acres in m²?

뼈대 문장 3

1. 1 inch is equal to 2.54 cm.
2. 1 foot is equal to 30.48 cm.
3. 1 mile is equal to 1.6 km.
4. 1 pound is equal to 0.453 kg.

뼈대 문장 4

1. Hi, do you have Harry Potter magic wands here?
2. Hi, do you have Harry Potter scarves here?
3. Hi, do you have Harry Potter pillows here?
4. Hi, do you have Harry Potter cell phone cases here?

뼈대 문장 5

1. Do you think small would fit me well?
2. Do you think large would fit me well?
3. Do you think x-large would fit me well?
4. Do you think the slim size would fit me well?

뼈대 문장 6

1. How much is this?
2. How much is this black robe?
3. How much is that magic wand?
4. How much are these cell phone cases?

뼈대 문장 7

1. They are fairly expensive!
2. They are a total rip-off!
3. They are quite cheap!
4. They are very old-fashioned!

뼈대 문장 8

1. I will try both x-small and small size then decide.
2. I will try both medium and large size then decide.
3. I will try both colors then decide.
4. I will try both white and black then decide.

UNIT 8

〉뼈대 문장 익히기

뼈대 문장 1

1. Can I take a photo with that Stuart Minion?
2. Can I take a photo with that Gru character?
3. Can I take a photo with that Bob Minion over there?
4. Can I take a photo with that Kevin Minion over there?

뼈대 문장 2

1. Will you please take photos for us?
2. Will you please take photos for my family?
3. Will you please take photos with my phone?
4. Will you please take photos with my tablet?

뼈대 문장 3

1. I will line up at the entrance.
2. I will line up at the entrance to the ride.
3. I will line up and wait.
4. I will line up and wait for our turn.

뼈대 문장 4

1. What do I do with the photo claim ticket?
2. What do I do with the Front of Line pass?
3. What do I do with the coupon book?
4. What do I do with the promo code?

뼈대 문장 5

1. I am trying to buy a souvenir for my father.
2. I am trying to buy a souvenir for my grandmother.
3. I am trying to buy a souvenir for my parents.
4. I am trying to buy a souvenir for my friends.

뼈대 문장 6

1. She likes something simple.
2. She likes something plain.
3. She likes something unique.
4. She likes something memorable.

뼈대 문장 7

1. T-shirts will not be good choices.
2. Fashion socks will not be good choices.
3. Backpacks will not be good choices.
4. Cushions or pillows will not be good choices.

뼈대 문장 8

1. How about a fridge magnet?
2. How about a candle set?
3. How about a travel mug?
4. How about a smartphone cover?

UNIT 9

> 뼈대 문장 익히기

뼈대 문장 1

1. Can I get a hamburger and a coke, please?
2. Can I get a cheeseburger and an iced tea, please?
3. Can I get two cheeseburgers and one Dr. Pepper, please?
4. Can I get an Animal Style burger with French fries, please?

뼈대 문장 2

1. Could you cut the Double-Double in two please?
2. Could you cut the Double-Double in two pieces please?
3. Could you cut the Double-Double in four pieces please?
4. Could you cut the Double-Double in quarters please?

뼈대 문장 3

1. Does it have any onions on it?
2. Does it have any lettuce on it?
3. Does it have any cabbage on it?
4. Does it have any cucumber on it?

뼈대 문장 4

1. Can I get that without chili peppers?
2. Can I get that without fresh onions?
3. Can I get that without grilled onions?
4. Can I get that without cheese?

뼈대 문장 5

1. What ingredients do you use in your cheeseburger?
2. What ingredients do you use in your Animal Style burger?

3. What ingredients do you use in your Protein Style burger?
4. What ingredients do you use in your spread?

뼈대 문장 6
1. Can I have a coffee instead of lemonade?
2. Can I have a coffee instead of iced tea?
3. Can I have a coffee instead of strawberry shake?
4. Can I have a coffee instead of chocolate shake?

뼈대 문장 7
1. Is the coke refillable?
2. Is the iced tea refillable?
3. Is the lemonade refillable?
4. Is the root beer refillable?

뼈대 문장 8
1. May I have sweet and sour sauce, please?
2. May I have honey mustard, please?
3. May I have a straw, please?
4. May I have some extra napkins, please?

UNIT 10

> 뼈대 문장 익히기

뼈대 문장 1
1. Could you give me some tips, please?
2. Could you give me some suggestions, please?
3. Could you give me more information, please?
4. Could you give me more details, please?

뼈대 문장 2
1. How can I get there from here?
2. How can I get there from Mickey's Toontown?
3. How can I get to Tomorrowland?
4. How can I get to Adventureland?

뼈대 문장 3
1. Keep going straight from New Orleans Square.
2. Keep going straight from Minnie's House.
3. Keep going straight from Goofy's Bounce House.
4. Keep going straight from Donald's Boat.

뼈대 문장 4
1. Turn left when you see a yellow signpost on your left side.
2. Turn left when you see a redbrick restaurant on your left side.
3. Turn left when you see the McDonald's on your left side.
4. Turn left when you see the Starbucks on your left side.

뼈대 문장 5
1. How long is the parade?
2. How long is the 8 p.m. show?
3. How long is the "Paint the Night" parade?
4. How long is the "Disneyland Forever" fireworks show?

뼈대 문장 6
1. "Mickey and the Magical Map" show is exactly 22 minutes long.
2. "Mickey and the Magical Map" show is 30 minutes long.
3. "Mickey and the Magical Map" show is half an hour long.
4. "Mickey and the Magical Map" show is over 20 minutes long.

뼈대 문장 7
1. That sounds great.
2. That sounds bad.
3. That sounds terrific.
4. That sounds awesome.

뼈대 문장 8
1. The next parade will be at 3:15, right?
2. The next performance will be at 3:15, right?
3. The next ride will be at 3:15, right?
4. "Fantasmic!" show will be at 3:15, right?

UNIT 11

› 뼈대 문장 익히기

뼈대 문장 1
1. How does FastPass work?
2. How does the monorail system work?
3. How does it work?
4. How do they work?

뼈대 문장 2
1. Can I use the FastPass anytime?
2. Can I use the discount coupon anytime?
3. Can I use the admission ticket anytime?
4. Can I use the annual pass anytime?

뼈대 문장 3
1. Does it mean that I can only enter during that period of time?
2. Does it mean that I can only sign up during that period of time?
3. Does it mean that I can only use it during that period of time?
4. Does it mean that I can only use the ride ticket during that period of time?

뼈대 문장 4
1. Excuse me, is this your first time visiting L.A.?
2. Excuse me, is this your first time visiting Disneyland?
3. Excuse me, is this your first time trying California Screamin' roller coaster?
4. Excuse me, is this your first time trying an In-N-Out burger?

뼈대 문장 5
1. This ride is actually so scary.
2. This ride is actually so thrilling.
3. This ride is actually quite impressive.
4. This ride is actually too expensive.

뼈대 문장 6
1. Is this a dark ride?
2. Is this a pendulum ride?
3. Is this a water ride?
4. Is this a drop tower?

뼈대 문장 7
1. This has to do with racing.
2. This has to do with rafting.
3. This has to do with water boating.
4. This has to do with spinning.

뼈대 문장 8
1. What do you mean by racing?
2. What do you mean by spinning?
3. What do you mean by pendulum ride?
4. What do you mean by drop tower?

UNIT 12

› 뼈대 문장 익히기

뼈대 문장 1
1. Could you please recommend some production shows for me?
2. Could you please recommend a magic show for me?
3. Could you please recommend a Broadway-style musical for me?

4. Could you please recommend some fitness programs for me?

뼈대 문장 2
1. When is the welcoming show going to be?
2. When is the "Voice of the Ocean" show going to be?
3. When is the live music performance going to be?
4. When is the next movie going to be?

뼈대 문장 3
1. There are many activities I can participate in, such as cooking classes.
2. There are many activities I can participate in, such as yoga classes.
3. There are many activities I can participate in, such as Zumba.
4. There are many activities I can participate in, such as kitchen tours.

뼈대 문장 4
1. Where can I get the leaflet?
2. Where can I get the leaflet on movie showtimes?
3. Where can I get the booklet?
4. Where can I get the booklet on onboard activities?

뼈대 문장 5
1. I guess the best thing to do is to take a look at the booklet and go from there.
2. I guess the best thing to do is to take a look at the leaflet and go from there.
3. I guess the best thing to do is to ask a crew member and go from there.
4. I guess the best thing to do is to ask the receptionist and go from there.

뼈대 문장 6
1. Excuse me, could you please tell me about shore excursion?
2. Excuse me, could you please tell me about dining options?
3. Excuse me, could you please tell me about dress code?
4. Excuse me, could you please tell me about dining etiquette?

뼈대 문장 7
1. Should I just go to Deck 5?
2. Should I just go to the upper deck?
3. Should I just go to the lower deck?
4. Should I just go to Vista Lounge?

뼈대 문장 8
1. How do I know when my dinner time is?
2. How do I know when it's time to debark?
3. How do I know what time breakfast starts?
4. How do I know what time the buffet restaurant closes?

UNIT 13

> 뼈대 문장 익히기

뼈대 문장 1
1. That necklace suits you really well.
2. That blouse suits you really well.
3. That pinstripe suit suits you really well.
4. That dress shirt suits you really well.

뼈대 문장 2
1. I am now enjoying my vacation with my family.
2. I am now enjoying my summer vacation with my friends.
3. I am now spending my holidays with my colleagues.

4. I am now spending my summer holidays alone.

뼈대 문장 3
1. After this Caribbean Cruise, what's on your mind next?
2. After this Mediterranean Cruise, what's on your mind next?
3. After this Hawaiian Cruise, what's on your mind next?
4. After this Scandinavian Cruise, what's on your mind next?

뼈대 문장 4
1. I am thinking of Northern Europe, but I have no specific plan yet.
2. I am thinking of Hawaii, but I have no specific plan yet.
3. I am thinking of Mexico, but I have no specific plan yet.
4. I am thinking of the Mediterranean region, but I have no specific plan yet.

뼈대 문장 5
1. I wonder what is available tonight.
2. I wonder what desserts are available tonight.
3. I wonder what cocktails are available tonight.
4. I wonder what pasta dishes are available tonight.

뼈대 문장 6
1. Rib-eye steak sounds awesome.
2. Lobster tail sounds awesome.
3. Salmon fillet sounds awesome.
4. Alaskan King Crab legs sound awesome.

뼈대 문장 7
1. I ordered the clam chowder and my wife salmon chowder.
2. I ordered the sirloin steak and my wife tenderloin steak.
3. I ordered the steamed Alaskan King Crab legs and my wife grilled salmon.
4. I ordered New York cheesecake and my wife strawberry sorbet.

뼈대 문장 8
1. I think I will choose shrimp cocktail.
2. I think I will choose grilled lobster with herb butter.
3. I think I will choose grilled seafood skewers.
4. I think I will choose carrot cake.

UNIT 14

> 뼈대 문장 익히기

뼈대 문장 1
1. I would like to rent a tandem bike.
2. I would like to rent a mountain bike.
3. I would like to rent a helmet.
4. I would like to rent a child seat.

뼈대 문장 2
1. What type of single bike should I rent?
2. What type of tandem bike should I rent?
3. What type of road bike should I rent?
4. What type of helmet should I rent?

뼈대 문장 3
1. Does the price include locks?
2. Does the price include helmets and locks?
3. Does the price include an air pump?
4. Does the price include body armor?

뼈대 문장 4
1. Do you know how to get to the Lions Gate Bridge?
2. Do you know how to get to the Vancouver Aquarium?

3. Do you know how to get to the Totem Pole display?
4. Do you know how to get to English Bay?

뼈대 문장 5

1. Is the main entrance far from here?
2. Is English Bay far from here?
3. Is the Totem Pole display far from here?
4. Is the Vancouver Aquarium far from here?

뼈대 문장 6

1. Do I need to wear a helmet?
2. Do I need to wear body armor?
3. Do I need to pay a deposit?
4. Do I need to bring a map?

뼈대 문장 7

1. Is the Rose Garden on the way?
2. Is Beaver Lake on the way?
3. Is the Teahouse Restaurant on the way?
4. Is Ferguson Point on the way?

뼈대 문장 8

1. It is one of the most famous tourist attractions in Stanley Park.
2. It is one of the most famous trails in Stanley Park.
3. It is one of the most famous gardens in Stanley Park.
4. It is one of the most famous monuments in Stanley Park.

UNIT 15

〉뼈대 문장 익히기

뼈대 문장 1

1. How many bathrooms are there in this house?
2. How many closets are there in this house?
3. How many fireplaces are there in this house?
4. How many air conditioners are there in this house?

뼈대 문장 2

1. There are three rooms upstairs.
2. There is a bathroom upstairs.
3. There are two dens downstairs.
4. There is a family room downstairs.

뼈대 문장 3

1. This house is 6,000 sq feet.
2. This house is around 557 sq meters.
3. This house is approximately 557 sq meters.
4. This house is over 500 sq meters.

뼈대 문장 4

1. I'm interested in a condominium.
2. I'm interested in a high-rise condo.
3. I'm interested in a town house.
4. I'm interested in a house with a large lot.

뼈대 문장 5

1. What is a half bath?
2. What is a bachelor pad?
3. What is a master bedroom?
4. What is a walk-in closet?

뼈대 문장 6

1. What is this space for?
2. What is this den for?
3. What is this storage for?
4. What is this deck for?

뼈대 문장 7

1. How much is the utility bill?
2. How much is the utility bill per month?
3. How much is the average utility bill?
4. How much is the utility bill for a family of four?

뼈대 문장 8

1. Is there any supermarket in the neighborhood?
2. Is there any Costco in the neighborhood?
3. Is there any library in the neighborhood?
4. Is there any good restaurant in the neighborhood?

UNIT 16

> 뼈대 문장 익히기

뼈대 문장 1

1. I would like to use the swimming pool.
2. I would like to use the gym and swimming pool.
3. I would like to use the library.
4. I would like to use a meeting room.

뼈대 문장 2

1. What are the hours of operation for the community center?
2. What are the opening hours for the gym?
3. What are the closing hours for the library?
4. What are the opening and closing hours for the swimming pool?

뼈대 문장 3

1. I'm just wondering how much the gym membership costs.
2. I'm just wondering how much a weekly pass costs.
3. I'm just wondering how much a monthly pass costs.
4. I'm just wondering how much a year pass costs.

뼈대 문장 4

1. I am just visiting here for a couple of weeks.
2. I am just visiting here for about a week.
3. I am just visiting here for a few days.
4. I am just visiting here for some days.

뼈대 문장 5

1. Am I allowed to read books here?
2. Am I allowed to watch a DVD here?
3. Am I allowed to use a computer here?
4. Am I allowed to make photocopies here?

뼈대 문장 6

1. Can I borrow a few books using my friend's library card?
2. Can I borrow a magazine using my friend's library card?
3. Can I borrow a periodical using my friend's library card?
4. Can I borrow a new DVD using my friend's library card?

뼈대 문장 7

1. How many picture books can I check out at once?
2. How many magazines can I check out at once?
3. How many DVDs can I check out at once?
4. How many CDs can I check out at once?

뼈대 문장 8

1. I'd like to sign up for a cooking class.
2. I'd like to sign up for a dance class.
3. I'd like to sign up for a photography class.
4. I'd like to sign up for a floral design class.

UNIT 17

> 뼈대 문장 익히기

뼈대 문장 1

1. Have you ever been to Naples?
2. Have you ever been to Munich?

3. Have you ever been to Rome?
4. Have you ever been to Athens?

뼈대 문장 2
1. Are you expecting the Dragon's Treasure show?
2. Are you expecting the Tree of Prosperity show?
3. Are you expecting the House of Magic show?
4. Are you expecting the House of Dancing Water show?

뼈대 문장 3
1. Many friends of mine have recommended watching the Fountain show.
2. Many friends of mine have recommended visiting the aquarium.
3. Many friends of mine have recommended trying egg tarts.
4. Many friends of mine have recommended trying Portuguese food.

뼈대 문장 4
1. It is certainly something worth trying.
2. It is certainly something worth visiting.
3. It is certainly something worth doing.
4. It is certainly something worth considering.

뼈대 문장 5
1. How long is it?
2. How heavy is it?
3. How wide is it?
4. How big is it?

뼈대 문장 6
1. It's about 3 stories high.
2. It's about 1 meter long.
3. It's about 30 centimeters wide.
4. It's about 2 meters deep.

뼈대 문장 7
1. I've heard that it is equipped with state-of-the-art LED lights.
2. I've heard that it is equipped with computers.
3. I've heard that it is equipped with sensors.
4. I've heard that it is equipped with security cameras.

뼈대 문장 8
1. It represents health.
2. It represents longevity.
3. It represents a bright future.
4. It represents prosperity.

UNIT 18

> 뼈대 문장 익히기

뼈대 문장 1
1. Are there so many visitors here all the time?
2. Are there so many foreign visitors here all the time?
3. Are there so many tourists here all the time?
4. Are there so many Western tourists here all the time?

뼈대 문장 2
1. What is this display shelf made of?
2. What is this beautiful floor made of?
3. What is that ceiling lamp made of?
4. What is that wall decoration made of?

뼈대 문장 3
1. Where can I buy an inexpensive backpack?
2. Where can I buy an inexpensive leather jacket?
3. Where can I buy an inexpensive laptop?
4. Where can I buy an inexpensive necklace?

뼈대 문장 4
1. How can I get a good deal on Gucci bags?

2. How can I get a good deal on Samsonite suitcases?
3. How can I get a good deal on New Balance sneakers?
4. How can I get a good deal on Burberry scarves?

뼈대 문장 5

1. I want to take a look at that ring over there.
2. I want to take a look at that pearl necklace over there.
3. I want to take a look at those earrings over there.
4. I want to take a look at those crystal earrings over there.

뼈대 문장 6

1. I really like the design.
2. I really like the style.
3. I really like this Samsonite suitcase.
4. I really like Coach handbags.

뼈대 문장 7

1. Are these the cheapest models here?
2. Are these the most expensive models here?
3. Are these the latest models here?
4. Are these the most popular models here?

뼈대 문장 8

1. Do you collect postcards, too?
2. Do you collect mugs, too?
3. Do you collect key holders, too?
4. Do you collect figures, too?

English
영어연산훈련 시리즈

영어 연산 훈련
시리즈

영어 연산 훈련 ❶ 기본 동사로 문장 만들기 | 영어 연산 훈련 ❷ 시제 완전 정복 | 영어 연산 훈련 ❸ 심화 동사로 문장 만들기 | 영어 연산 훈련 ❹ 수식어로 문장 꾸미기 | 영어 연산 훈련 ❺ 조–부–동–태 완전 정복 | 영어 연산 훈련 ❻ 긴 문장 만들기 | 영어 연산 훈련 ❼ 의문문 만들기

영어 연산 훈련 시리즈
박광희 • 캐나다 교사 영낭훈 연구팀 지음 | 각 권 9,800원 | 정답 및 MP3 파일 다운로드

1. 기본 동사로 문장 만들기 : 주어–동사 수 일치   ●영어 문장은 동사가 결정한다.
2. 시제 완전 정복 : 기본시제·완료시제·진행시제 ●한국어에 없는 시제 개념을 익혀라.
3. 심화 동사로 문장 만들기 : 다의어 동사 체화 ●동사 멀티 플레이어가 되라.
4. 수식어로 문장 꾸미기 : 형용사·부사 체화 ●문장을 맛깔나게 꾸며라.
5. 조–부–동–태 완전 정복 : 조동사·부정사·동명사·수동태 ●자유자재로 동사를 변신시켜라.
6. 긴 문장 만들기 : that절·부사절·관계대명사절 체화 ●생각을 담아 길게 표현하라.
7. 의문문 만들기 : who·when·where·what·why·how 체화

영어 문법을 수학처럼 연산해서 문장을 만드는 『영어 연산 훈련』
『영어 연산 훈련』 시리즈는 쓰고 말하기 위한 영어 문장 만들기 훈련서이다. '수학 4칙 연산 훈련'이 셈을 빠르게 해주듯, '영어 5칙 연산 훈련'은 생각을 즉시 영어로 쓰고 말할 수 있게 해준다. 5칙(일치, 시제, 의문, 부정, 응용)에 따라 다섯 가지 문형 만들기를 훈련하면 어떤 문장도 바로 바로 만들 수 있다.

영어는 훈련이다!
한국어도 틀릴 때가 있다. 하물며 영어를, 그것도 단시간에 완벽히 끝낼 수 있다는 말에 속지 마라. 영어는 오랫동안 꾸준히 반복에 반복을 통해서 익히는 길밖에 없다. 하루하루 쓰고 말하는 훈련으로 한 걸음씩 나아가라. 훈련이 자신감과 성취감을 가져와 영어 할 맛이 난다.

반드시 스스로 써 보고 말하라!
내가 사용할 영어라면 직접 써 봐야 한다. 한 번도 써 보지도, 입 떼어 보지도 않은 게 실생활에서 곧바로 사용 가능할 리가 없다. 지루하고 힘들더라도 문법은 배우는 것보다 배운 것을 쓰고 말하는 훈련이 중요하다.

영어 5칙 연산으로 해결하라!
무작정 쓰고 말해야 하는가? No! 과학적인 영어 문장 만들기 훈련서 『영어 연산 훈련』에 답이 있다. 우리는 효과적인 영어 반복 훈련을 위한 영어 문장의 5가지 기본 형태를 찾았다. '일치, 시제, 의문, 부정, 응용'의 영어 5칙으로 훈련하면 문장 구조가 두뇌 기억 장치에 저장되어 어느새 생각이 영어로 나오게 된다.

미친 듯이 단순하고 효과적이다! 왕초보도 문제없다!
『영어 연산 훈련』 시리즈는 쉽고 단순하다. 스스로 쓰고 말하기를 돕기 위해 누구나 알고 있을 만한 아주 쉬운 문장부터 시작한다. 스며들듯 천천히 표현을 늘리고 문장의 살을 붙이게 연습시킨다. 그리고 간단한 문장 구조에 익숙해지면 문장끼리 연결시키고 문장을 길게 써 보는 것도 할 수 있게 된다. 총 7권의 시리즈를 통해 많이 쓰면 쓸수록 머릿속에서 문장 구조가 정리되어 생각을 바로 문장으로 만들 수 있다.